Intermittents du spectacle

QUELS SONT VOS DROITS

Frédéric Chhum

Avocat au barreau de Paris

CHEZ LE MÊME ÉDITEUR

LES CODES POUR TOUS

Code civil
Code pénal
Code du travail

DES GUIDES PRATIQUES POUR TOUS

ARGENT

Donations : le guide pratique
Immobilier : comment investir ?
Impôts : votre conseiller fiscal
Tous vos avantages : comment en profiter ?
Votre argent : pour mieux gérer, placer, faire fructifier

DROITS ET DÉMARCHES

100 % légal
370 modèles de lettres et de contrats
Agir en justice
Le guide de toutes les formalités
La laïcité en pratique
Tous vos droits pour gagner, se défendre, réussir

FAMILLE

Adoption : le guide pratique
Divorce : le guide pratique
Famille, toutes les aides
Famille : votre conseiller juridique
Le guide familial
PACS : le guide pratique
Pensions alimentaires : faites respecter vos droits !
Personnes handicapées : le guide pratique
Successions : le guide pratique

LOGEMENT

La copropriété de A à Z
Logement : votre conseiller pratique
Propriétaires - Locataires : qui paie quoi ?
Servitudes et mitoyenneté : le guide pratique
Troubles de voisinage : quels sont vos droits ?

TRAVAIL

35 heures : le guide pratique
Accélérez votre carrière
Associations : le guide pratique
Cadres : tous vos droits
Chômage : vos nouveaux droits
Le conseiller pratique du salarié
Créer son entreprise : le guide pratique
Fonctionnaires : vos retraites après la réforme
Le guide de tous les salaires
Indépendants : vos retraites après la réforme
Licenciement : tous vos droits
Retraite : votre conseiller quotidien
Salariés : vos retraites après la réforme
Se défendre aux prud'hommes
Vos droits aux congés : le guide pratique

COLLECTION « COMMUNAUTÉS »

Gays et lesbiennes, quels sont vos droits ?
Immigrés, quels sont vos droits ?

Tous les codes et les guides sont disponibles sur : www.prat-fr.com

Si vous désirez recevoir une information sur nos publications, écrivez à :
Prat Éditions
Service Lecteurs
2, rue Maurice Hartmann
BP 62
92133 Issy-les-Moulineaux Cedex

ISBN 2-85890-818-4
ISSN *à venir*

PRÉFACE

Les intermittents du spectacle ont été et sont encore au cœur de l'actualité. Nul n'a pu ignorer la vague de protestations qui a suivi la signature des désormais célèbres protocoles des 26 juin et 8 juillet 2003 sur le régime de l'assurance chômage.

Plus encore que les règles d'accès ou d'indemnisation, c'est, semble-t-il, le statut même de l'intermittent qui semblait remis en cause et l'équilibre de cette profession menacé. Ont donc suivi débats et polémiques sur la place et le financement du spectacle vivant en France.

Force est de constater que les termes de ce débat public étaient techniques, voire incompréhensibles, tant les réglementations en vigueur sont complexes. Souhaitant nous éloigner du terrain de la polémique, nous avons voulu offrir aux intermittents un guide clair et pratique qui présente, sous forme de fiches pratiques, toutes les règles qui s'appliquent à leur profession.

Vous y trouverez le nouveau régime de l'assurance chômage, bien sûr, mais également les règles qui s'appliquent aux contrats de travail, aux conditions de travail, aux congés ou à la retraite. En somme, une mine d'informations à garder toujours à portée de la main.

Ce guide a été rédigé par Frédéric Chhum, un avocat spécialisé en droit du travail et qui connaît bien le dossier des intermittents. Avec son accord, nous proposons à nos lecteurs de le contacter directement pour tout renseignement complémentaire. Vous trouverez ses coordonnées à la fin de cette préface.

Nicolas Corato
Responsable éditorial

Frédéric Chhum
Avocat au barreau de Paris
21, rue Clément Marot
75008 Paris
E-mail : frederic.chhum@wanadoo.fr

TABLE DES MATIÈRES

LE CDD D'USAGE

CE QUE DIT LA LOI

Le contrat à durée déterminée (CDD)

Le contrat de travail est, en principe, conclu sans détermination de durée. Cependant, le recours au CDD est possible dans des cas strictement délimités par la loi : remplacement d'un salarié absent, accroissement temporaire d'activité, emplois d'usage, embauche dans le cadre de la politique de l'emploi, etc.

En pratique

Les ancêtres du CDD d'usage étaient les « contrats de rôle » des acteurs ou les « contrats à la journée » ou « à la semaine » des techniciens du cinéma.

> Le recours au contrat à durée déterminée (CDD) d'usage dans certains secteurs d'activité

Les articles L. 122-1-1 3 et D. 121-2 du Code du travail autorisent le recours au CDD d'usage dans vingt secteurs d'activité dans lesquels il est d'« usage constant » de ne pas recourir au contrat de travail à durée indéterminée en raison de la nature de l'activité exercée et du caractère « par nature temporaire » de ces emplois (art. L. 122-1-1 3 du Code du travail).
En effet, dans certains secteurs d'activité, le CDD est le mode normal de gestion de la relation contractuelle de travail.
Ces secteurs d'activité sont en particulier l'audiovisuel, le spectacle, l'action culturelle, la production cinématographique, l'édition phonographique, l'information, le sport professionnel.

> CDD d'usage : contrat écrit

Le CDD doit être impérativement écrit. À défaut, il est présumé conclu pour une durée indéterminée.
Il doit en outre comporter :
– une définition précise de son motif ;
– certaines mentions obligatoires : la date d'échéance du terme, la durée minimale s'il ne comporte pas de terme précis, la désignation du poste de travail, la convention collective applicable, la période d'essai éventuellement prévue, la rémunération, le nom et l'adresse de la caisse de retraite complémentaire et de l'organisme de prévoyance (art. L. 122-3-1 du Code du travail).

Attention

Vous devez vérifier si la convention collective applicable à votre employeur prévoit (ou non) des dispositions spécifiques concernant les mentions qui doivent figurer au CDD.

À noter

Certaines de ces mentions sont essentielles (le nom, la qualification du salarié remplacé) et leur absence entraîne une requalification du CDD en CDI (si le salarié demande une telle requalification).
D'autres mentions n'ont qu'un caractère d'information du salarié (la convention collective, par exemple) et leur absence ne permet pas une requalification du CDD en CDI.

> La transmission du contrat

Le CDD doit être transmis au salarié dans un délai de 2 jours suivant l'embauche, une rédaction tardive du contrat est assimilée à une absence d'écrit. Le salarié est alors considéré comme engagé pour une durée indéterminée.

> L'essai

L'essai (s'il est prévu) doit figurer au contrat.
L'essai ne peut excéder une durée de 1 jour par semaine, dans la limite de 2 semaines lorsque la durée initialement prévue du contrat est au plus égale à 6 mois, et d'une durée de 1 mois dans les autres cas (art. L. 122-3-2 du Code du travail).

> Le terme du contrat – Le renouvellement

Le contrat prend fin au terme prévu par celui-ci. Il peut être rompu avant l'échéance du terme en cas de faute grave, de force majeure, ou d'accord entre les parties (art. L. 122-3-8 du Code du travail).
Les conditions de renouvellement doivent être précisées au contrat ou doivent faire l'objet d'un avenant soumis au salarié avant le terme dudit contrat.
Le contrat peut être rompu à l'initiative du salarié s'il justifie d'une embauche à durée indéterminée chez un autre employeur. Dans ce cas, le salarié devra respecter un préavis de rupture d'une durée de 1 jour par semaine sans pouvoir excéder 2 semaines (art. L. 122-3-8, al. 2 du Code du travail).
En droit commun du CDD, le salarié a droit à une indemnité de précarité égale à 10 % du montant de la rémunération totale brute perçue. Cette indemnité n'est pas due pour les CDD d'usage.

> Les sanctions

En cas de non-respect de ces règles (cas de recours, transmission du CDD dans les 2 jours, etc.), l'employeur peut être condamné à une amende de 3 750 € au plus (7 500 € en cas de récidive) et d'un emprisonnement de 6 mois.

• *Pour trouver la fiche qui vous intéresse, consultez la table des matières en page VII de cet ouvrage.*
• *Pour trouver le thème qui vous intéresse, consultez l'index alphabétique en fin de volume.*

L'artiste du spectacle

> La présomption de salariat de l'artiste du spectacle

Selon l'article L. 762-1 du Code du travail, tout contrat par lequel une personne physique ou morale s'assure, moyennant rémunération, le concours d'un artiste du spectacle en vue de sa production est présumé être un contrat de travail dès lors que cet artiste n'exerce pas l'activité, objet de ce contrat, dans les conditions impliquant son inscription au registre du commerce.

> La conséquence de la présomption de salariat

La présomption de contrat de travail de l'artiste du spectacle a pour conséquence l'existence d'un lien de subordination juridique entre l'artiste et celui qui l'engage.

Cette présomption est une présomption simple (c'est-à-dire qu'elle peut être combattue par la preuve contraire).

Elle est d'ordre public. Cela signifie que les parties ne peuvent par l'éluder par convention.

Elle s'applique quels que soient la nationalité de l'artiste, le type de spectacle présenté et la qualification juridique donnée par les parties au contrat.

Bon à savoir

La présomption de salariat ne s'applique pas aux techniciens du spectacle.

En revanche, cette présomption sera écartée si l'artiste exerce son art et se produit dans des conditions impliquant son inscription au registre du commerce (artiste qui se conduit en entrepreneur de spectacles et qui assume les risques liés à la production et à l'exploitation du spectacle, par exemple).

LA LOI EN PRATIQUE

Le contrat écrit

L'engagement par contrat à durée déterminée nécessite la signature d'un contrat écrit. En l'absence de contrat d'écrit, vous êtes présumé engagé pour une durée indéterminée.

Cette présomption est une présomption simple qui peut être renversée par votre employeur.

• *Pour trouver la fiche qui vous intéresse, consultez la table des matières en page VII de cet ouvrage.*

• *Pour trouver le thème qui vous intéresse, consultez l'index alphabétique en fin de volume.*

Le CDD d'usage

Bon à savoir

Par dérogation au « droit commun » du CDD, votre employeur peut valablement conclure plusieurs CDD d'usage successifs pour un même emploi sans avoir à respecter les délais de carence qui existent pour les CDD de « droit commun ».

Votre CDD doit comporter un motif de recours (exemple : présentateur-animateur d'une émission ou d'une série d'émissions, acteur pour un spectacle déterminé, danseuse ou artiste-chorégraphe pour un ballet).

Par dérogation au « droit commun » du CDD, votre CDD d'usage n'est soumis à aucune durée maximale.

Par ailleurs, vous ne percevrez aucune indemnité de précarité au terme de votre CDD d'usage sauf si la convention collective le prévoit.

L'accord Michel

Bon à savoir

Cet accord pourrait être prochainement renégocié avec les partenaires sociaux afin de mettre à jour les emplois concernés par cet accord avec l'évolution technique des métiers.

Un accord collectif interbranche du 12 octobre 1998 (l'accord Michel) précise les modalités de recours au CDD d'usage dans le secteur du spectacle.

> Le champ d'application

Cet accord est applicable :
- aux artistes du spectacle ;
- aux ouvriers et techniciens exerçant certains emplois dans certaines branches : production cinématographique et audiovisuelle, radio, diffusion télévisuelle, prestations techniques du cinéma et de l'audiovisuel, édition phonographique, spectacle vivant.

La liste des emplois entrant dans le champ d'application de l'accord Michel est annexée à ce même accord, lequel a été étendu par un arrêté du ministre du Travail du 15 janvier 1999.

> Les mentions qui doivent figurer au CDD

Votre employeur doit :
- faire figurer dans le contrat l'objet de celui-ci ;
- justifier dans le contrat du caractère temporaire de l'emploi et préciser son terme par « *une date ou l'intervention d'un fait déterminé* ».

> Les collaborations de longue durée

L'accord Michel prévoit également des dispositions spécifiques en cas de collaboration de longue durée.

Aux termes de l'accord Michel, votre collaboration sera considérée comme une collaboration de longue durée dès lors :
– que cette collaboration a duré au moins 3 ans ;
– et que la durée cumulée des CDD d'usage avec le même employeur a dépassé 70 % de cette durée.

Le délai de prévenance en cas de non-proposition de contrat

Dans ce cas, si votre employeur n'entend pas vous proposer un nouveau contrat (à durée déterminée ou indéterminée), il doit vous informer 1 mois au moins avant la fin de votre dernier contrat.
S'il ne respecte pas ce délai de prévenance de 1 mois, votre employeur sera tenu de vous verser une indemnité de 1 mois de salaire sur la base de votre dernier contrat.

L'indemnité en cas de non-proposition de contrat

De plus, si votre employeur ne vous a pas proposé un nouveau contrat, il sera tenu de vous verser une indemnité d'un montant de 20 % de votre salaire mensuel par année de collaboration.

À noter

L'accord Michel n'interdit pas la poursuite de la collaboration d'un salarié avec le même employeur, sous forme de CDD d'usage, au-delà d'une durée de 3 ans.

Le temps partiel

> La définition du temps partiel

Est considéré comme salarié à temps partiel, le salarié dont la durée du travail est inférieure à la durée légale (35 heures par semaine, ou 151,67 heures par mois, ou encore 1 600 heures par an) ou la durée conventionnelle applicable dans votre entreprise.

> Les mentions du contrat de travail à temps partiel

En cas de travail à temps partiel, votre employeur doit :
– en cas de répartition hebdomadaire de la durée du travail : mentionner au contrat la durée hebdomadaire du temps de travail et sa répartition durant les jours de la semaine ;
– en cas de répartition mensuelle de la durée du travail : mentionner au contrat la durée mensuelle du temps de travail et sa répartition durant les semaines. Une répartition inégale entre les différentes semaines est possible dès lors qu'elle se répète d'un mois sur l'autre.

• *Pour trouver la fiche qui vous intéresse, consultez la table des matières en page VII de cet ouvrage.*
• *Pour trouver le thème qui vous intéresse, consultez l'index alphabétique en fin de volume.*

S'il ne respecte pas ces prescriptions, l'employeur est passible d'une amende de 1 500 € prévue pour les contraventions de 5e classe.
L'amende est appliquée autant de fois qu'il y a de salariés concernés.

> *Bon à savoir*
>
> Votre contrat peut prévoir un aménagement du travail sur l'année (« temps partiel modulé ») à condition qu'un accord collectif étendu applicable à votre employeur autorise cet aménagement. Cet accord collectif étendu doit alors prévoir les catégories concernées, les modalités de décompte de la durée du travail, la durée minimale hebdomadaire ou mensuelle, la durée minimale du travail durant les jours travaillés, les limites à l'intérieur desquelles il est possible de faire varier la durée du travail, les modes de communication du programme de travail, les modalités de modification des horaires.

> Les heures complémentaires du salarié à temps partiel

En ce qui concerne les heures complémentaires des salariés à temps partiel, elles ne peuvent :
– excéder 1/10e de la durée hebdomadaire ou de la durée mensuelle de travail. Cette limite peut être portée à 1/3 par voie d'accord collectif ;
– avoir pour effet de porter la durée du travail au-delà de la durée légale ou conventionnelle.
Les heures complémentaires sont rémunérées au taux normal (sauf dispositions conventionnelles particulières).

À noter

Le non-respect de ces limites est sanctionné par une amende de 1 500 € prévue par les contraventions de 5e classe. L'amende est appliquée autant de fois qu'il y a de salariés concernés.

La requalification du CDD d'usage en CDI

Bon à savoir

Seuls les salariés peuvent demander la requalification d'un CDD en CDI.

Vous pouvez à certaines conditions demander la requalification de votre CDD d'usage en CDI.
La jurisprudence concernant la requalification d'un CDD d'usage en CDI a changé de manière spectaculaire depuis le 26 novembre 2003.

> La jurisprudence avant le 26 novembre 2003

Jusqu'au 26 novembre 2003, vous pouviez demander la requalification de votre CDD d'usage en CDI :
– lorsque votre emploi n'était pas temporaire ou était lié à « *l'activité normale et permanente de l'entreprise* » ;

– ou encore lorsque votre employeur ne respectait pas les règles de formes inhérentes au CDD (voir précédemment).

La règle était que, dès que l'emploi d'un salarié engagé en CDD d'usage au sein d'une entreprise n'était pas temporaire du fait que l'entreprise l'utilisait de façon permanente, le CDD d'usage pouvait être requalifié en contrat à durée indéterminée.

Jusqu'alors, cette requalification était systématique au motif que « *seuls les emplois par nature temporaire pouvaient donner lieu à la conclusion d'un contrat à durée déterminée* ».

> Le revirement du 26 novembre 2003

Dans quatre arrêts très remarqués du 26 novembre 2003, la Cour de cassation a, contre toute attente, reconstruit de manière spectaculaire sa jurisprudence concernant la requalification des CDD d'usage en CDI.

Dorénavant, les CDD d'usage font l'objet d'une véritable « autonomie de régime juridique » par rapport aux CDD de droit commun notamment en ce qui concerne les règles de requalification en CDI (Roy Loustauneau, Droit social 2004, p. 629).

En effet, depuis le 26 novembre 2003, en cas de demande de requalification par un salarié d'un CDD d'usage en CDI, le juge du fond est uniquement tenu de vérifier, pour s'assurer de la validité du CDD d'usage :

– qu'il intervient dans l'un des secteurs d'activité définis par décret ou par voie d'accord ou de convention collective étendue. Ces secteurs sont notamment ceux visés à l'article D. 121-2 du Code du travail (audiovisuel, spectacle, action culturelle, production cinématographique, édition phonographique, etc.) ;

– et qu'est constatée l'existence dans ce secteur d'un « usage constant » permettant de ne pas recourir au contrat à durée indéterminée pour l'emploi considéré. Cet « usage constant » de recourir au CDD dans le secteur d'activité de l'entreprise peut être établi par tous moyens.

À noter

Depuis le 26 novembre 2003, vous ne pouvez demander la requalification de votre CDD d'usage en CDI que :

- si votre contrat n'a pas été conclu par une entreprise qui appartient à un des secteurs d'activité définis par décret ou une convention collective étendue et qui peut valablement engager des salariés en CDD d'usage ;

- ou s'il n'existe pas d'« usage constant » au sein de la branche d'activité de votre entreprise permettant de ne pas recourir pour votre emploi au contrat à durée indéterminée.

Il semble néanmoins que, comme auparavant, une demande de requalification de votre CDD d'usage en CDI sera admise dès lors que votre employeur ne respecte pas les règles de forme du CDD d'usage (écrit, indication du motif de recours, etc.).

Attention

Sont désormais inopérantes les demandes de requalification de CDD d'usage en CDI fondées :
- **sur le lien entre l'emploi litigieux et l'activité permanente de l'entreprise ;**
- **sur la durée effective des contrats au-delà de 18 mois ;**
- **ou encore sur la succession interrompue des CDD.**

> Les conséquences de la requalification en CDI

En cas de requalification de votre CDD en CDI, vous pourrez prétendre :
– à une indemnité de requalification (égale à au moins 1 mois de salaire) ;
– aux indemnités de rupture (préavis, congés payés et, le cas échéant indemnité de licenciement) ;
– à un rappel de salaire du fait du nouveau calcul de votre ancienneté en raison de la requalification en CDI ;
– à des dommages-intérêts pour licenciement sans cause réelle et sérieuse. Ces dommages-intérêts sont déterminés en fonction du préjudice subi si votre entreprise emploie moins de 11 salariés ou si vous possédez moins de 2 années d'ancienneté. Ils s'élèveront à au moins vos 6 derniers mois de salaires si vous avez plus de 2 années d'ancienneté et que vous appartenez à une entreprise d'au moins 11 salariés.

Les litiges

> Le tribunal compétent

En cas de litige avec votre employeur (demande de rappel de salaire, demande de requalification en CDI, etc.), vous devez saisir le conseil de prud'hommes qui possède une compétence exclusive pour tous les litiges dérivés du contrat de travail.
Le conseil de prud'hommes compétent est celui du siège social de votre employeur.
Néanmoins, si vous travaillez en dehors de tout établissement, vous avez la faculté de saisir le conseil de prud'hommes de votre domicile.
Enfin, vous pouvez toujours saisir le conseil de prud'hommes du lieu de signature de votre contrat de travail.

> La procédure accélérée en cas de demande de requalification d'un CDD d'usage en CDI

Si vous demandez la requalification d'un CDD en CDI, vous pouvez porter directement l'affaire devant le bureau de jugement (sans passer par la procédure de conciliation) dans le cadre d'une procédure accélérée.
Le conseil de prud'hommes statue alors dans un délai de 1 mois.

Bon à savoir

Cette procédure accélérée est d'autant plus intéressante que les délais pour obtenir un jugement devant le conseil de prud'hommes sont très longs (12 à 18 mois) du fait de l'engorgement des tribunaux.

LA VISITE MÉDICALE

CE QUE DIT LA LOI

L'examen médical a pour objet de rechercher si un salarié n'est pas atteint d'une affection dangereuse pour les autres travailleurs et de s'assurer qu'il est médicalement apte au poste de travail auquel son employeur prévoit de l'affecter.
Lors de l'examen médical, le médecin du travail établit un dossier médical qui est complété après chaque examen médical.
Ce dossier ne peut être communiqué qu'aux médecins inspecteurs du travail ou, à la demande du salarié, au médecin de son choix.
À l'issue de l'examen, le médecin établit une fiche d'aptitude en deux exemplaires dont un exemplaire est remis au salarié et l'autre à son employeur.

LA LOI EN PRATIQUE

L'examen préalable à l'embauche et l'examen annuel

Vous devez passer :
– un examen médical avant votre embauche ou au plus tard avant l'expiration de la période d'essai suivant l'embauche ;
– un examen médical chaque année.

Le centre médical de la Bourse

Le centre médical de la Bourse (CMB) gère le service de la médecine du travail pour les intermittents du spectacle.
Le CMB a passé des accords avec des services de médecine du travail situés dans toute la France, ce qui vous permet de vous rendre au centre le plus proche de votre lieu de travail.

L'examen proprement dit

Vous devez passer l'examen médical au centre médical le plus proche de votre domicile ou de votre lieu de travail.
Lors de l'examen, vous devez présenter un bon de prise en charge de l'examen et la carte de médecine du travail sur laquelle le médecin du travail apposera son cachet.
À la fin de l'examen médical, le médecin vous remettra une carte d'aptitude qui vous permettra d'être en règle au regard de l'examen médical.

LE GUICHET UNIQUE DU SPECTACLE

CE QUE DIT LA LOI

Un guichet obligatoire depuis le 1er janvier 2004 et gratuit

Le guichet unique du spectacle occasionnel (GUSO) est un dispositif obligatoire depuis le 1er janvier 2004 qui permet aux organisateurs occasionnels de spectacles vivants d'effectuer auprès d'un organisme unique les déclarations obligatoires liées à l'embauche et le paiement des cotisations et contributions sociales. Ce dispositif est également au service de groupements d'artistes amateurs bénévoles faisant occasionnellement appel à un ou plusieurs artistes du spectacle percevant une rémunération.
Le GUSO est gratuit. Il vise à diminuer l'emploi non déclaré dans le spectacle vivant et à améliorer la protection sociale des artistes et des techniciens du spectacle.
Les organismes partenaires du GUSO sont :
- l'AFDAS (formation professionnelle continue) ;
- l'Urssaf (Sécurité sociale) ;
- l'Assedic (assurance chômage) ;
- Audiens (retraite complémentaire et prévoyance) ;
- les congés du spectacle ;
- le centre médical de la Bourse (médecine du travail).

Les employeurs du spectacle vivant concernés

Bon à savoir

Sont exclues du GUSO, les entreprises dont l'activité principale est le spectacle vivant, les entreprises appartenant au spectacle enregistré, les parcs de loisirs ou d'attraction.

Les employeurs concernés sont :
- les organisateurs de spectacles vivants (dispensés de licence d'entrepreneur de spectacle), à condition que le spectacle ne soit pas leur activité principale ;
- les structures titulaires d'une licence d'entrepreneur de spectacle qui n'ont pas pour activité principale d'organiser des spectacles ;

– l'État, les collectivités locales et les établissements publics lorsqu'ils n'ont pas pour activité le spectacle.

Les salariés concernés

Les employeurs du spectacle vivant susvisés doivent employer :
– des artistes du spectacle ;
– ou des techniciens engagés en CDD qui occupent des fonctions relevant des listes n° 6 et 7 jointes à l'annexe VIII (voir en fin d'ouvrage la partie *Annexe*).

LA LOI EN PRATIQUE

La déclaration préalable à l'embauche (1er volet)

Le GUSO remet à la demande de l'employeur la « déclaration préalable » à l'embauche.
Si votre employeur ne dispose pas de cette déclaration, il doit effectuer une « déclaration unique d'embauche » de droit commun auprès du guichet unique du spectacle (DPAE, 74986 Annecy Cedex 9).
La déclaration d'embauche peut également être effectuée par Internet (www.guso.com.fr).
Le GUSO délivre au salarié une attestation récapitulative d'emploi mensuelle qui se substitue au bulletin de paie prévu à l'article L. 143-3 du Code du travail.

La déclaration des cotisations sociales (2nd volet)

Ce second volet contient quatre feuillets :
– le premier est complété et signé par l'employeur et le salarié et adressé au GUSO avec le paiement des cotisations et contributions sociales ;
– le deuxième est remis au salarié et vaut attestation d'employeur. Le salarié le remet à son Assedic pour bénéficier des allocations chômage. Une copie de ce feuillet doit être adressée à la Caisse des congés du spectacle lors de la demande de congé ;
– le troisième vaut contrat de travail. L'employeur peut néanmoins établir, sur un autre document, le contrat de travail ;
– le quatrième est conservé par l'employeur à titre de justificatif d'emploi.

• *Pour trouver la fiche qui vous intéresse, consultez la table des matières en page VII de cet ouvrage.*
• *Pour trouver le thème qui vous intéresse, consultez l'index alphabétique en fin de volume.*

Le paiement des cotisations

Le paiement des cotisations et contributions dues au titre de l'emploi d'artistes ou de techniciens du spectacle vivant doit intervenir au plus tard 15 jours suivant le terme du contrat et doit être adressé au GUSO qui les reversera aux différents organismes partenaires.

L'IMPRÉSARIO

CE QUE DIT LA LOI

Un mandataire représentant les artistes

Bon à savoir

L'imprésario peut être une personne physique ou morale (les sociétés anonymes et les sociétés en commandite par actions ne peuvent pas détenir la licence d'agent artistique).

L'imprésario (appelé aussi manager ou agent artistique) représente les artistes du spectacle qu'il place.
L'imprésario est un mandataire qui doit procurer des engagements à l'artiste du spectacle qu'il représente.
À ce titre, il a une obligation de moyens de rechercher des engagements pour l'artiste.
En outre, l'imprésario négocie les engagements de l'artiste et assure sa promotion.

Une profession réglementée

L'exercice de la profession d'imprésario est soumis à autorisation.
En effet, le placement à titre onéreux d'artistes du spectacle est réservé aux titulaires (personne physique ou morale) d'une licence d'agent artistique.

Attention

La profession d'imprésario est incompatible avec l'exercice de certaines professions (art. L. 762-5 du Code du travail) :

- **artiste du spectacle ;**
- **directeur d'un théâtre fixe ;**
- **producteur de films ;**
- **programmeur de radiodiffusion ou de télévision ;**
- **administrateur ;**
- **directeur artistique ou régisseur d'une entreprise de production de films ;**
- **directeur artistique ou commercial d'entreprise d'édition et d'enregistrement de disques ou de tous autres supports d'enregistrement, etc.**

Une activité commerciale

L'activité d'imprésario a un caractère commercial au sens du Code de commerce (art. L. 762-4 du Code du travail). Il est donc soumis aux règles du droit commercial (compétence du tribunal de commerce, etc.).

Les conditions d'obtention de la licence d'agent artistique

Bon à savoir

Si une personne se consacre à un (ou deux) artiste(s), la licence d'agent artistique n'est pas requise.

La licence d'agent artistique est obligatoire pour tous les imprésarios qui reçoivent, au cours d'une même année civile, un mandat de plus de deux artistes du spectacle en vue de leur procurer des engagements.

À noter

Le placement d'un orchestre équivaut au placement d'un seul artiste dès lors que l'imprésario n'accomplit pas d'acte de courtage pour le chef d'orchestre et les musiciens.

LA LOI EN PRATIQUE

Les obligations de l'imprésario

> Procurer des engagements à l'artiste

L'imprésario doit procurer à l'artiste qu'il représente des engagements. À cet égard, il est possible de prévoir dans le contrat d'imprésario que ce dernier s'engage à procurer un certain nombre d'engagements.
L'artiste pourra rompre le contrat si son agent n'atteint pas l'objectif fixé.

> Transmettre des statistiques

Chaque mois, l'imprésario doit faire parvenir à la Direction départementale du travail et de l'emploi des renseignements d'ordre statistique sur les placements qu'il a réalisé (art. R. 762-13 du Code du travail).

> Tenir un registre

L'imprésario doit tenir un registre comportant des informations sur ses activités de placement.
Ce registre doit être laissé à la disposition des inspecteurs du travail, des officiers de police judiciaire et des agents de la Sécurité sociale.

Les obligations de l'artiste à l'égard de son imprésario

Si vous avez recours à un agent, vous ne pouvez pas utiliser un agent concurrent pour obtenir des engagements. En effet, il est admis dans la profession que le mandat de l'agent de l'artiste est exclusif.

Attention
L'artiste doit, du fait de l'exclusivité de son agent, lui transmettre toutes les propositions qu'il reçoit directement et l'agent peut percevoir une rémunération sur les rémunérations perçues directement par l'artiste.

La demande de la licence d'agent artistique au ministère du Travail

La licence d'agent artistique doit être demandée par l'intéressé au ministère du Travail.
La licence est délivrée pour une durée de 1 an après avis d'une commission consultative après publication d'un arrêté publié au *Journal officiel.*
Elle est renouvelée tacitement chaque année.
Le silence du ministère pendant plus de 4 mois suivant la demande de licence vaut octroi de la licence.
La demande doit être accompagnée de pièces justificatives (renseignements sur la personnalité, la moralité, les activités professionnelles du demandeur, les conditions dans lesquelles il exercera l'activité d'imprésario, etc.) (art. R. 762-6 du Code du travail).

Le retrait de la licence

La licence d'agent artistique peut être retirée à son titulaire par le ministre du Travail pour motif grave (moralité du titulaire de la licence, modalités d'exercice de son activité, etc.).

La rémunération de l'imprésario

Le montant de la rémunération de l'imprésario pour le placement d'un artiste ne peut excéder 10 % de la rémunération de ce dernier.
En plus de sa rémunération, l'imprésario peut demander à l'artiste le remboursement des frais qu'il a exposés pour son placement.

L'ENGAGEMENT DES MINEURS DANS LE SPECTACLE

CE QUE DIT LA LOI

Le principe d'interdiction du travail des mineurs et les dérogations dans le spectacle

En principe, les mineurs de moins de 16 ans ne sont pas autorisés à travailler tant qu'ils ne sont pas libérés de leurs obligations scolaires.

Par dérogation, les jeunes de moins de 16 ans peuvent néanmoins être employés dans les entreprises de spectacle, de cinéma, de radiophonie et de télévision ou d'enregistrement sonore, à condition d'obtenir une autorisation du préfet.

Leurs conditions d'emploi sont alors strictement réglementées (voir la fiche : LA RÉGLEMENTATION APPLICABLE AUX MINEURS DANS LE SPECTACLE).

L'autorisation préfectorale sur avis de la Commission des enfants du spectacle

L'autorisation de travail des mineurs de moins de 16 ans, dans le spectacle, est accordée par le préfet sur avis conforme de la Commission des enfants du spectacle.

Siègent à la commission, les membres du conseil départemental de la protection de l'enfance ainsi que le Directeur départemental du travail et de l'emploi.

Le préfet compétent est celui du département du siège social de l'entreprise qui envisage d'engager le mineur.

LA LOI EN PRATIQUE

La demande d'autorisation à la commission

L'autorisation est sollicitée par l'employeur et doit être accompagnée de :

- l'autorisation écrite des représentants légaux ;
- et l'avis favorable écrit du mineur s'il a plus de 13 ans.

L'instruction de la demande d'autorisation

Lors de l'instruction de la demande, la Commission des enfants du spectacle s'assure que :
- le rôle proposé peut être confié à l'enfant ;
- l'enfant sera en mesure d'assurer le travail qui lui est proposé sans compromettre son avenir ;
- les conditions d'emploi de l'enfant sont satisfaisantes (horaires de travail, rythme des représentations, rémunération, congés, sécurité) ;
- des dispositions sont prises pour lui assurer une fréquentation scolaire normale ;
- la famille de l'enfant est en mesure d'exercer une surveillance efficace.

La décision de la commission

En pratique

L'autorisation doit être obtenue avant l'embauche. En effet, le fait d'employer des mineurs soumis à l'obligation scolaire avant d'obtenir l'autorisation de la commission est une infraction pénale susceptible d'être sanctionnée.

La Commission des enfants du spectacle se réunit sur convocation du préfet.
Elle remet au préfet un avis sur chaque demande d'autorisation.
Dans le mois suivant le dépôt de la demande, le préfet notifie aux intéressés sa décision (autorisation ou refus).
En cas d'autorisation, le préfet précise le montant de la rémunération affectée au pécule de l'enfant.
En l'absence de décision dans ce délai de 1 mois, la demande d'autorisation est présumée refusée.

Les sanctions pénales

Toute infraction aux dispositions de l'article L. 211-6 du Code du travail (engagement de l'enfant sans autorisation du préfet) est punie d'un emprisonnement de 5 ans et de 75 000 € d'amende.

LA RÉGLEMENTATION APPLICABLE AUX MINEURS DANS LE SPECTACLE

CE QUE DIT LA LOI

Le contrat de travail du mineur

Le mineur de moins de 16 ans peut conclure un contrat de travail sous réserve d'obtenir l'autorisation de son représentant légal.
Les règles applicables au contrat de travail d'un jeune de moins de 16 ans sont celles de droit commun.

L'interdiction des emplois dangereux

Il est interdit de confier aux enfants de moins de 16 ans des emplois dangereux (tours de force périlleux, exercices de dislocation, emplois dangereux pour leur vie, leur santé ou leur moralité) (art. L. 211-11 du Code du travail).
Dans les professions acrobatiques, cette interdiction ne souffre aucune exception pour les enfants de moins de 12 ans.
Néanmoins, les père et mère pratiquant les professions d'acrobate saltimbanque, montreur d'animaux, directeur de cirque ou d'attraction foraine, peuvent employer durant leurs représentations leurs enfants de plus de 12 ans.

Attention

Toute infraction aux articles L. 211-11 et L. 211-12 du Code du travail est punie d'un emprisonnement de 5 ans et d'une amende de 75 000 €.

La condamnation pour infraction à l'article L. 211-12 peut entraîner pour les parents la privation de l'autorité parentale.

• *Pour trouver la fiche qui vous intéresse, consultez la table des matières en page VII de cet ouvrage.*
• *Pour trouver le thème qui vous intéresse, consultez l'index alphabétique en fin de volume.*

LA LOI EN PRATIQUE

La rémunération

Les représentants légaux des mineurs exerçant une activité artistique ne peuvent pas percevoir l'intégralité de la rémunération due au titre de cette activité (rémunération de toute nature pour l'exercice d'une activité artistique, rémunération secondaire).

En effet, une partie de cette rémunération doit être affectée à la constitution d'un pécule pour le mineur. Ce pécule est géré par la Caisse des dépôts et consignations jusqu'à sa majorité.

C'est la Commission des enfants du spectacle qui fixe la part de la rémunération perçue par le mineur dont le montant peut être laissé à la disposition de ses représentants légaux (art. L. 211-8 du Code du travail).

Des prélèvements sur ce pécule peuvent être autorisés en cas d'urgence et à titre exceptionnel par le président de la commission (art. L. 211-8 du Code du travail).

Lors du paiement de la rémunération, la part affectée à la constitution du pécule est directement versée par l'employeur à la Caisse des dépôts.

Chaque versement est accompagné d'une déclaration de l'employeur qui précise l'état civil du mineur, son domicile et le nom de ses représentants légaux.

La Caisse des dépôts ouvre au nom du mineur un compte de dépôt sur lequel seront portés les versements des employeurs.

À la majorité de l'enfant, la Caisse des dépôts notifie le solde du compte au préfet qui a délivré la dernière autorisation et celui-ci informe l'enfant devenu majeur que la Caisse des dépôts tient les fonds à sa disposition.

Attention

Est punie d'une amende de 3 750 € et, en cas de récidive, d'une peine d'emprisonnement de quatre mois et d'une amende de 7 500 €, toute personne qui a remis directement ou indirectement aux enfants visés à l'article L. 211-6 du Code du travail ou à ses représentants légaux des fonds au-delà de la part fixée à l'article L. 211-8.

La durée du travail

La durée du travail des mineurs de moins de 18 ans ne peut être supérieure ni à 8 heures par jour (art. L. 212-13 du Code du travail), ni à 35 heures par semaine.

À titre exceptionnel, des dérogations peuvent être accordées par l'inspecteur du travail après avis conforme du médecin du travail, dans la limite de 5 heures par semaine.

Une pause d'au moins 30 minutes doit être accordée lorsque le temps de travail quotidien dépasse 4 heures 30 minutes.

Le repos quotidien ne peut être inférieur à 12 heures consécutives pour les jeunes de moins de 18 ans.

Un repos hebdomadaire de 2 jours consécutifs est obligatoire.

Le travail de nuit

Pour les mineurs de moins de 16 ans, est considéré comme travail de nuit tout travail entre 20 heures et 6 heures.
Interdit en principe, le travail de nuit des mineurs de moins de 16 ans est autorisé, à titre exceptionnel, pour les employeurs du spectacle sur autorisation accordée par l'inspecteur du travail après dérogation délivrée par la Commission des enfants du spectacle.

Attention

Aucune dérogation au travail de nuit des mineurs ne peut être accordée entre minuit et 4 heures.

En cas de dérogation au travail de nuit, un repos continu de 12 heures doit être accordé au jeune de moins de 16 ans.
Toute infraction à la réglementation du travail de nuit est passible d'une amende prévue pour les contraventions de la 5e classe (1 500 €). En cas de récidive dans un délai de 1 an, l'amende est de 3 000 €.

L'assurance chômage

Le mineur ne peut pas percevoir d'allocation chômage en raison de son obligation de scolarisation. Sa rémunération n'est donc pas soumise aux contributions Assedic.

LA RÉMUNÉRATION

CE QUE DIT LA LOI

L'ouvrier ou le technicien du spectacle

L'ouvrier ou le technicien du spectacle perçoit en contrepartie de son travail une rémunération versée sous la forme d'un salaire (ou cachet).
Cette rémunération est traitée comme un salaire avec application des taux de cotisations et contributions sociales de droit commun.

L'artiste du spectacle

On distingue le salaire (ou le cachet) de l'artiste pour sa prestation artistique et la rémunération secondaire du travail enregistré.

> La rémunération pour la prestation artistique

Le salaire ou cachet est la rémunération que perçoit l'artiste du spectacle en contrepartie de la prestation nécessitant sa présence physique.
Cette rémunération est traitée comme un salaire avec application des règles d'assiettes spécifiques et des taux réduits de cotisations sociales.

> La rémunération secondaire du travail enregistré

La rémunération secondaire (appelée aussi « redevance » ou « royalties ») est, le cas échéant, versée à l'artiste du spectacle en contrepartie de l'exploitation de l'enregistrement de sa prestation ne nécessitant plus sa présence physique (art. L. 762-2 du Code du travail).
Cette rémunération secondaire ne sera pas traitée comme un salaire si :
– la présence de l'artiste n'est pas nécessaire pour percevoir cette rémunération ;
– et la rémunération n'est pas fonction du salaire reçu pour la prestation mais exclusivement du produit de la vente ou de l'exploitation de l'enregistrement.
Si la rémunération secondaire est forfaitaire et indépendante du nombre de diffusions, elle sera traitée comme un salaire et soumise à cotisations sociales dans la limite d'un plafond.
En revanche, si la rémunération secondaire est aléatoire (fonction des ventes, par exemple), elle n'est pas traitée comme un salaire et n'est donc pas soumise à cotisations sociales (sauf pour la CSG et la CRDS qui restent dues).

• *Pour trouver la fiche qui vous intéresse, consultez la table des matières en page VII de cet ouvrage.*
• *Pour trouver le thème qui vous intéresse, consultez l'index alphabétique en fin de volume.*

L'artiste-interprète

L'artiste-interprète est « *la personne qui représente, chante, récite, déclame, joue ou exécute de toute autre manière une œuvre littéraire et artistique, un numéro de variétés ou de marionnettes* » (art. L. 212-1 du Code de la propriété intellectuelle).

L'artiste-interprète apporte une contribution originale et personnelle dans l'exercice de sa prestation. À cet égard, la personne qui n'est pas en mesure d'apporter la preuve qu'il utilisait un instrument pour réaliser sa prestation ne peut pas prétendre à la qualité d'artiste-interprète (TGI Paris, 16.9.2003, société des producteurs de phonogrammes en France, Dalloz 2003, som. 2758).

L'artiste-interprète possède les droits patrimoniaux suivants : le droit de représentation publique, le droit de reproduction mécanique (fixation de l'œuvre sur un support), le droit de « mise à disposition du public », le droit d'édition graphique (fixation sous forme de partition), le droit d'adaptation.

> La rémunération équitable

L'utilisation des phonogrammes publiés à des fins de commerce, quel que soit le lieu de fixation de ces phonogrammes, ouvre droit à rémunération au profit des artistes-interprètes et des producteurs.

> La rémunération pour « copie privée sonore et audiovisuelle »

Les auteurs et artistes-interprètes des œuvres fixées sur phonogrammes ou vidéogrammes ainsi que leurs producteurs ont droit à une rémunération au titre de la reproduction desdites œuvres réalisées à l'usage privé du copiste et non destinée à une utilisation collective.

Cette rémunération est répartie entre les auteurs, les artistes-interprètes et les producteurs.

Les sociétés de perception et de répartition des droits

Les sociétés de perception et de répartition des droits d'auteur et droits des artistes-interprètes et des producteurs de phonogrammes et de vidéogrammes gèrent les droits d'auteur et droits voisins des artistes.

À ce titre, ces sociétés perçoivent pour le compte des artistes les droits d'auteur ou redevances dus à raison de l'exploitation de leurs œuvres, ces sommes étant ensuite reversées aux artistes.

Les sociétés de perception et de répartition des droits délivrent les autorisations nécessaires de négocier et percevoir au nom des artistes les rémunérations correspondant aux utilisations secondaires de leur enregistrement.

À cet égard, aux termes de l'article L. 212-3 du Code de la propriété intellectuelle, les artistes-interprètes de la musique doivent autoriser préalablement par écrit la fixation de leur interprétation, sa reproduction, sa location, sa distribution et sa communication au public.

L'artiste qui réalise un enregistrement et signe la feuille de présence autorise ainsi le producteur à utiliser son enregistrement sur la première destination. Il pourra par la suite recevoir des rémunérations complémentaires pour les utilisations secondaires de son enregistrement qui auront été autorisées par la société de perception et de répartition des droits.

> L'ADAMI

La Société civile pour l'administration des droits des artistes et musiciens interprètes (ADAMI) gère les droits des artistes-interprètes (chanteurs, groupes) et en particulier, ceux des artistes inscrits sur des œuvres sonores et au générique des œuvres audiovisuelles.
Elle gère également la rémunération pour copie privée sonore et audiovisuelle et la rémunération équitable.

> La SPEDIDAM

La Société de perception et de distribution des droits des artistes-interprètes de la musique et de la danse (SPEDIDAM) gère les droits des artistes exécutants (choristes, orchestre) et en particulier les droits des artistes-interprètes dont les noms ne figurent pas sur l'étiquette du phonogramme ou au générique du vidéogramme ou du programme diffusé en direct. Elle gère également la rémunération pour copie privée et pour rémunération équitable.

> La SACEM

La Société des auteurs compositeurs et éditeurs de musique (SACEM) gère les droits de ses membres, tant en France qu'à l'étranger, au titre de la représentation publique.
La quasi-totalité des auteurs compositeurs en est membre.

LA CONVENTION COLLECTIVE

CE QUE DIT LA LOI

L'objet des conventions collectives

Les conventions collectives sont conclues entre les représentants syndicaux des employeurs et des salariés au niveau de la branche ou de l'entreprise. Elles complètent, dans un sens plus favorable aux salariés, les dispositions du Code du travail et fixent leurs conditions d'emplois et de travail (définitions de postes, salaires minima, durée du travail, indemnités de rupture, par exemple).

La convention collective de branche

Une convention collective de branche est obligatoirement applicable à l'entreprise dès lors que :
– l'entreprise entre dans le champ d'application de la convention ;
– et la convention a été étendue (par arrêté du ministère du Travail) ou l'entreprise appartient à une organisation syndicale patronale ayant signé cette convention.
Un employeur qui n'entre dans le champ d'application d'aucune convention collective peut faire volontairement application d'une convention.
Cette volonté peut être soit implicite (application constante, par exemple), soit explicite (écrit, par exemple).

La convention collective d'entreprise

Une convention collective d'entreprise peut être conclue entre l'employeur et le (ou les) syndicat(s) de l'entreprise.
Elle s'applique en principe au seul niveau de l'entreprise.
Elle est mentionnée au contrat de travail, sur le bulletin de paie ou encore par un affichage dans l'entreprise.
Elle doit être portée par l'employeur à la connaissance des salariés.

• *Pour trouver la fiche qui vous intéresse, consultez la table des matières en page VII de cet ouvrage.*
• *Pour trouver le thème qui vous intéresse, consultez l'index alphabétique en fin de volume.*

En pratique

La loi Fillon du 4 mai 2004 permet aux représentants du personnel ou à un salarié « mandaté » par un syndicat de conclure des accords collectifs dans des conditions définies par la branche professionnelle.

L'entreprise ne peut conclure un accord collectif avec un salarié « mandaté » que si elle ne possède pas de représentants du personnel.
La signature d'un tel accord par les représentants du personnel ou un salarié « mandaté » nécessite la signature d'un accord de branche étendu par le ministère du Travail.
Cet accord de branche doit préciser les matières pouvant faire l'objet d'un tel accord, les conditions d'exercice du mandat en cas de conclusion d'un accord par un salarié « mandaté ».
L'accord collectif signé par un salarié « mandaté » ne peut entrer en vigueur que s'il est approuvé par la Commission paritaire de branche compétente et qu'il est déposé à la DDTE. L'accord ainsi signé ne sera valable que s'il est approuvé par la majorité des salariés de la société.

LA LOI EN PRATIQUE

La détermination de la convention collective applicable à votre entreprise

Vous pouvez connaître la convention collective applicable à votre employeur :
– par le biais des affichages effectués par la société. En effet, votre employeur est, en principe, tenu d'afficher le nom de la convention collective applicable dans l'entreprise (s'il en existe une) ;
– en recherchant si votre contrat de travail ou votre bulletin de paie mentionne une convention collective applicable ;
– en vous renseignant afin de savoir si l'activité de votre employeur entre dans le champ d'une convention collective étendue par arrêté ministériel ;
– en recherchant le code APE (ou NAF) de votre employeur. En effet, le code APE établit une présomption simple d'application d'une convention collective.

En pratique

Pour connaître le code APE de votre employeur, vous pouvez soit vous procurer un extrait K-bis de la société qui vous emploie auprès du greffe du tribunal de commerce, soit le rechercher par l'intermédiaire du site Internet : www.societe.com

En effet, à partir du code APE, vous pouvez déterminer la convention collective applicable à votre employeur. Pour cela, il faut vous procurer une « table de correspondance entre le code NAF et la convention collective applicable » disponible auprès du ministère du Travail.

À noter

Si l'activité de votre employeur entre dans le champ d'une convention collective étendue par arrêté du ministre du Travail, cette convention lui sera obligatoirement applicable.

Si votre employeur entre dans le champ d'application d'une convention collective non étendue, cette convention ne lui est pas applicable sauf s'il adhère à un syndicat patronal qui a signé la convention.

Les conventions collectives applicables (audiovisuel, cinéma et spectacle vivant)

> Le spectacle enregistré

Secteur	Convention collective
Spectacle enregistré Conventions étendues	Convention collective des artistes-interprètes engagés pour des émissions de télévision Convention collective de la radiodiffusion (radios privées) Convention collective audio vidéo informatique

> Le spectacle vivant

Secteur	Convention collective
Spectacle vivant Conventions étendues	« Convention tourneurs » : convention collective des entrepreneurs de spectacles et des artistes dramatiques, lyriques, chorégraphiques et de variétés « Convention SYNDEAC » : convention collective des entreprises artistiques et culturelles Convention collective des théâtres privés Convention collective des espaces de loisirs, d'attractions et culturels Convention collective des variétés Jazz

> Le spectacle enregistré (accords spécifiques)

Secteur	Convention collective
Spectacle enregistré Accords spécifiques	Accord relatif aux artistes-interprètes engagés pour la réalisation d'une œuvre cinématographique Accord de la production audiovisuelle du secteur privé (intermittents techniques) Accord sur les salaires des techniciens de la production audiovisuelle Accord sur les salaires des ouvriers de la production audiovisuelle Accord sur le régime indemnitaire des techniciens et ouvriers de la production audiovisuelle (non étendu) Accords sur les intermittents des entreprises de production de programmes d'animation pour la télévision (non étendus)

> Les conventions non étendues

Secteur	Convention collective
Spectacle enregistré	Convention collective des acteurs - Production cinématographique
Spectacle vivant	Convention collective de la production et de la communication audiovisuelles du secteur public
Conventions collectives non étendues	Convention collective des artistes et techniciens du doublage et de la postsynchronisation des œuvres audiovisuelles

LA DURÉE DU TRAVAIL

CE QUE DIT LA LOI

La durée légale du travail

Les intermittents du spectacle sont soumis au droit commun de la législation sur la durée du travail applicable aux salariés.
Des dispositions conventionnelles (la convention collective, par exemple) peuvent aménager de manière plus favorable les règles légales relatives à la durée du travail.

> Les entreprises de vingt salariés au plus

Dans les entreprises dont l'effectif était inférieur ou égal à vingt salariés au 1er janvier 2000, la « durée légale du travail effectif » est de 35 heures par semaine, depuis le 1er janvier 2002.

> Les entreprises de plus de vingt salariés

Depuis le 1er janvier 2000, la « durée légale du travail effectif » est de 35 heures par semaine, dans les entreprises où l'effectif était, à cette date, de plus de vingt salariés.

Attention

La durée légale du travail ne signifie pas que les salariés doivent travailler 35 heures par semaine. La durée légale du travail est le seuil au-delà duquel les heures travaillées doivent être payées en heures supplémentaires ou faire l'objet d'un repos équivalent.

LA LOI EN PRATIQUE

Le « temps de travail effectif »

La durée de votre travail se calcule en « temps de travail effectif ».
Le temps de travail effectif est le temps pendant lequel vous êtes à la disposition de votre employeur et vous devez vous conformer à ses directives sans pouvoir vaquer à vos occupations personnelles.
Ainsi, les temps de restauration ou de pauses ne sont pas pris en compte pour le calcul de la durée de votre travail dès lors que durant ces périodes vous n'êtes pas à la disposition de votre employeur et que vous pouvez vaquer à vos occupations personnelles.

À noter

Certaines conventions collectives prévoient la rémunération des périodes de restauration ou des pauses.

La durée maximale quotidienne de travail

Vous ne pouvez pas travailler en principe plus de dix heures de « travail effectif » par jour.

Cette durée est calculée dans le cadre de la journée civile (de 0 heure à 24 heures).

La durée maximale hebdomadaire de travail

Votre durée de travail ne peut excéder :

- 44 heures par semaine sur une période de 12 semaines consécutives ;
- 48 heures durant une semaine donnée.

Cette durée du travail peut faire l'objet d'un aménagement par la convention collective applicable à votre employeur.

Les heures supplémentaires

Vous ne pouvez effectuer plus de 180 heures supplémentaires durant une année civile donnée.

Au-delà de ce seuil de 180 heures supplémentaires, votre employeur doit solliciter l'autorisation de l'inspecteur du travail pour vous faire travailler.

La rémunération des heures supplémentaires varie selon que votre entreprise emploie plus ou moins de vingt salariés.

> Les entreprises de vingt salariés au plus

Heures supplémentaires	Entreprise de 20 salariés au plus (effectif au 1er janvier 2000)
De la 36e à la 39e heure	Majoration de 10 % (jusqu'au 31 décembre 2005)
De la 40e à la 43e heure	Majoration de 25 %
À partir de la 44e heure	Majoration de 50 %

> Les entreprises de plus de vingt salariés

Heures supplémentaires	Entreprise de plus de 20 salariés (effectif au 1er janvier 2000)
De la 36e à la 43e heure	Majoration de 25 %
À partir de la 44e heure	Majoration de 50 %

Le repos compensateur légal

> Les entreprises de vingt salariés au plus

Dans les entreprises de vingt salariés au plus, seules les heures supplémentaires effectuées au-delà du contingent annuel donnent lieu à repos compensateur dans la limite de 50 % des heures travaillées.

> Les entreprises de plus de vingt salariés

Dans les entreprises de plus de vingt salariés, les heures supplémentaires font l'objet d'un repos compensateur légal de :
- 50 % des heures au-delà de 41e heure (par semaine) pour celles effectuées dans la limite du contingent d'heures supplémentaires légal (180 heures) ou conventionnel ;
- 100 % des heures supplémentaires effectuées au-delà du contingent.

Elles font l'objet d'une majoration de salaire ou peuvent faire l'objet d'un repos équivalent en application d'un accord collectif ou d'une décision de votre employeur.

Le contrôle de la durée du travail

Votre employeur doit être en mesure de déterminer votre temps de travail effectif.
À cet égard, il doit établir un (ou plusieurs) document(s) permettant de comptabiliser la durée de votre travail (affichage des horaires de travail, décompte individuel du temps de travail avec des feuilles de temps, badgeuse, etc.).
En cas de litige concernant les heures travaillées, l'employeur doit être en mesure de justifier le nombre d'heures travaillées par les salariés.

Les dispositions conventionnelles

La convention collective d'entreprise ou de branche applicable à votre employeur peut prévoir des dispositions particulières concernant la durée du travail.
Les conventions collectives de branche sont consultables en ligne sur le site Internet : www.legifrance.gouv.fr

LES CONGÉS DU SPECTACLE

CE QUE DIT LA LOI

La caisse des congés du spectacle

Dans les secteurs du spectacle, du cinéma et de l'audiovisuel, une caisse de congés payés assure le paiement du congé payé des intermittents du spectacle à la place de l'employeur.

Cette caisse ne concerne que les artistes, les ouvriers et les techniciens du spectacle, qui n'ont pas été employés de façon continue chez un employeur pendant les 12 mois précédant leur demande de congé.

Cette caisse assure le recouvrement des cotisations versées par les employeurs et verse aux salariés bénéficiaires les indemnités de congés payés qui leur sont dues.

> Les employeurs concernés par les congés du spectacle

Les employeurs concernés par les congés du spectacle sont, pour leur personnel artistique :

– les entreprises de spectacle, les imprésarios, les agences théâtrales, les chefs d'orchestre, les chefs de troupe, les hôtels, les cafés et les restaurants qui occupent du personnel artistique et technique salarié ;

– les entreprises de production de films, les studios de prises de vues cinématographiques et postsynchronisation, les postes de radiodiffusion, de télévision, d'enregistrement de disques et de bandes (art. D. 762-1 du Code du travail).

> Les salariés concernés par les congés du spectacle

Les salariés qui bénéficient des congés du spectacle sont les techniciens et les artistes occupés de façon « intermittente » dans les entreprises susvisées.

Les congés du spectacle ne s'appliquent pas aux permanents du spectacle.

> L'affiliation et le paiement des cotisations des congés du spectacle

Les employeurs susvisés doivent s'affilier et payer les cotisations à la caisse (14,45 % du montant du salaire brut du salarié).

LA LOI EN PRATIQUE

Le droit à congés du spectacle

Pour bénéficier des congés du spectacle, vous devez justifier d'un minimum de 4 semaines d'engagement au cours de la période de référence. Cette période d'acquisition des congés s'écoule du 1er avril d'une année donnée au 31 mars de l'année suivante chez un (ou plusieurs) employeur(s) assujetti(s) aux congés du spectacle.

Votre droit à congé est calculé en fonction de la durée totale de travail effectuée auprès de vos employeurs successifs.

Dès lors que vous avez acquis un droit à congé payé à la suite d'une activité relevant de la caisse des congés du spectacle, vous pouvez bénéficier du congé, quels que soit votre nationalité, votre lieu de résidence et votre âge.

Le calcul des congés du spectacle

Chaque fois que vous avez travaillé 24 jours (ou perçu 24 cachets) au cours de la période de référence (1er avril - 31 mars), vous bénéficiez de 2,5 jours de congé.

Votre indemnité de congés payés sera égale à 10 % des salaires bruts déclarés au cours de la période de référence.

Si vous avez travaillé moins de 24 jours (24 cachets) au cours de la période de référence, vous aurez droit à une indemnité d'un montant brut égal à 10 % de vos salaires bruts déclarés.

Les obligations de votre employeur

Votre employeur doit :

– afficher dans l'entreprise les coordonnées de la Caisse des congés du spectacle ;

– vous délivrer un certificat d'emploi indiquant la durée de vos engagements, le nombre de cachets effectués au cours des 12 derniers mois, le montant de la rémunération qu'il vous a versée, la rémunération versée pendant la période envisagée, la raison sociale et l'adresse de la caisse de congés à laquelle vous êtes affilié.

La suspension de votre contrat

Si votre contrat est suspendu à la suite d'un congé de maternité, cette période de suspension vous donne droit à congés payés si elle interrompt une période d'activité donnant droit à congés.

Si votre contrat est suspendu à la suite d'un accident du travail ou d'une maladie professionnelle, cette période de suspension sera également assi-

milée à un temps de travail effectif pour la détermination de vos droits à congés payés.
En revanche, les périodes d'absence au cours desquelles votre contrat est suspendu (maladie, grève, chômage) ne sont pas prises en compte pour le calcul du droit à congés payés.

La période de prise du congé

Vous pouvez prendre votre congé à compter du 1er mai suivant la période de référence (1er avril - 31 mars). Ainsi, si vous avez acquis 20 jours de congés payés entre le 1er avril 2003 et le 31 mars 2004, vous pouvez prendre vos congés payés depuis le 1er mai 2004.
Pour cela, vous devez envoyer votre demande de congé à la caisse au moins 15 jours avant le début du congé et joindre le formulaire de demande de congé avec tous les certificats d'emploi au titre de la période de référence.

Les litiges

En cas de litige avec la caisse de congés du spectacle concernant l'indemnité de congés payés, vous devez saisir le tribunal de grande instance ou le tribunal d'instance selon le montant de votre demande (et non pas le conseil de prud'hommes).
En cas de contestation sur vos droits à congés payés du spectacle, vous pouvez saisir la commission paritaire de la caisse (art. D. 762-9 du Code du travail).
Vous ne pouvez pas exercer directement d'action en paiement d'indemnités de congés payés du spectacle contre votre employeur sauf s'il ne s'est pas acquitté de ses obligations à l'égard de la caisse (exemple : non-paiement des cotisations de congés du spectacle).

L'ASSURANCE CHÔMAGE (ACCÈS)

CE QUE DIT LA LOI

Les textes

Selon les articles L. 351-1 et suivants du Code du travail, les salariés involontairement privés d'emploi ont droit à un revenu de remplacement à condition qu'ils soient aptes au travail et qu'ils recherchent un emploi.

La réglementation de l'assurance chômage comporte une convention, un règlement général, des annexes et des accords d'application qui fixent les modalités d'accès et de fonctionnement du système d'indemnisation d'assurance chômage.

Cette réglementation est négociée entre les partenaires sociaux (syndicats d'employeurs et de salariés).

L'assurance chômage des intermittents du spectacle (ouvriers, techniciens et artistes du spectacle)

Le régime d'assurance chômage des intermittents du spectacle est un régime dérogatoire au droit commun. Il prévoit en particulier des dispositions plus favorables relatives à l'accès et à l'indemnisation à l'assurance chômage.

Le régime d'assurance chômage des intermittents du spectacle est traité aux annexes VIII et X au règlement annexé à la convention du 1er janvier 2004.

On distingue :

– l'annexe VIII au règlement annexé à la convention du 1er janvier 2004 applicable aux ouvriers et techniciens du spectacle ;

– l'annexe X au règlement annexé à la convention du 1er janvier 2004 applicable aux artistes du spectacle.

Les conditions d'accès aux annexes VIII et X

Pour avoir accès au régime d'assurance chômage, l'intermittent du spectacle doit remplir :

– des conditions de droit commun fixées par le règlement général ;

– et des conditions spécifiques fixées par l'annexe VIII pour les ouvriers et les techniciens du spectacle et par l'annexe X pour les artistes du spectacle.

La réforme de 2003

Les annexes VIII et X ont été reformées en 2003 par les partenaires sociaux (sauf la CGT et FO). La négociation avec les syndicats a abouti à la signature des désormais célèbres « protocoles des 26 juin » et « 8 juillet 2003 ». Ces protocoles ont été « agréés » par le Ministre du travail le 7 août 2003, ce qui les a rendus obligatoires. En effet, l'agrément par le Ministre du travail d'un accord signé par les partenaires sociaux rend celui-ci obligatoire.

Cette réforme est intervenue en raison du déficit chronique du régime d'assurance chômage des intermittents du spectacle depuis plusieurs années (862 millions d'euros en 2002).

Ce déficit résulte en particulier de l'accroissement du nombre d'allocataires au titre des annexes VIII et X (doublement des allocataires au cours des dix dernières années) et des multiples abus (reconnus par tous) dont fait l'objet ce régime d'assurance chômage.

Les nouveaux protocoles limitent l'accès à l'assurance chômage des intermittents du spectacle et réduisent la durée d'indemnisation.

Ces protocoles ont été resignés dans des termes identiques le 13 novembre 2003 puis agréés par le Ministre du travail le 12 décembre 2003.

En effet, plusieurs syndicats de salariés ont contesté la validité de la procédure d'extension des protocoles des 26 juin et 8 juillet 2003.

À cet égard, les textes signés par les partenaires sociaux lors des négociations ne correspondaient pas à ceux déposés au ministère du Travail en vue de leur extension. Une action judiciaire est pendante devant le Conseil d'État.

La réforme de la réforme de 2003

À la suite du conflit des intermittents du spectacle provoqué par la mise en place du nouveau système qui limite l'accès et réduit l'indemnisation, le gouvernement étudie une adaptation des règles actuelles. À cet égard, le 14 juin 2004, le gouvernement a nommé M. Jean-Paul Guillot pour qu'il mène une mission d'expertise en vue de définir les principes et l'organisation d'un nouveau système d'indemnisation du chômage pour les artistes et techniciens du spectacle vivant, du cinéma et de l'audiovisuel.

Le nouveau système pourrait être mis en place à compter du début de l'année 2005.

En tout état de cause, les annexes VIII et X seront renégociées au plus tard le 31 décembre 2005 comme le prévoient les accords du 13 novembre 2003.

• *Pour trouver la fiche qui vous intéresse, consultez la table des matières en page VII de cet ouvrage.*
• *Pour trouver le thème qui vous intéresse, consultez l'index alphabétique en fin de volume.*

LA LOI EN PRATIQUE

Les conditions d'accès de droit commun à l'assurance chômage

Pour avoir droit aux allocations chômage, le règlement général de l'assurance chômage prévoit que l'intermittent du spectacle :
– doit être involontairement privé d'emploi ;
– doit être à la recherche effective et permanente d'un emploi ;
– doit être physiquement apte à l'exercice d'un emploi ;
– doit être inscrit comme demandeur d'emploi ou accomplir une action de formation dans le cadre d'un projet d'action personnalisé (PAP) ;
– ne doit pas avoir atteint l'âge de la retraite ;
– doit résider sur le territoire métropolitain, dans un DOM ou à Saint-Pierre-et-Miquelon.

Les conditions d'accès spécifiques aux ouvriers et aux techniciens du spectacle (annexe VIII)

Si vous êtes ouvrier ou technicien du spectacle, l'accès au régime spécifique d'assurance chômage fixé par l'annexe VIII vous est ouvert dès lors que :
– l'activité de votre employeur relève d'un des sept secteurs d'activité mentionnés à l'annexe VIII figurant dans le tableau ci-contre : spectacle, cinéma, audiovisuel, radio, diffusion, etc. (liste jointe à l'annexe VIII, paragraphe 1) (voir en fin d'ouvrage la partie *Annexe*) ;
– vous avez été engagé en CDD d'usage pour exercer un emploi figurant sur la liste jointe à l'annexe VIII au sein d'une société exerçant l'une des activités susvisées (voir en fin d'ouvrage la partie *Annexe*). Autrement dit, à une activité déterminée exercée par une société (cinéma, télévision ou radio, par exemple) correspondent certains emplois strictement délimités éligibles à l'assurance chômage des intermittents du spectacle ;
– vous justifiez d'une affiliation à l'assurance chômage de 507 heures durant la période de référence de 304 jours au titre d'activités relevant des annexes VIII ou X qui n'ont pas déjà servi à une ouverture de droits.

Bon à savoir

La période de référence est de 304 jours précédant la fin du contrat de travail. En 2004, la période de référence est à titre transitoire de 335 jours (11 mois).

Attention

Les 507 heures d'affiliation sont prises en compte dans la limite d'un plafond de 208 heures par mois civil. Ce plafond peut être porté, en cas de « *circonstances exceptionnelles entraînant un surcroît extraordinaire de travail* », à 260 heures avec l'autorisation de la direction départementale du travail.

Ces règles d'accès à l'assurance chômage ne s'appliquent que pour les fins de contrat de travail intervenues après le 31 décembre 2003.
Pour les fins de contrats de travail intervenues avant le 31 décembre 2003, les anciennes règles d'accès à l'assurance chômage résultant de la convention du 1er janvier 1997 et de la circulaire UNEDIC n° 99-06 du 19 avril 1999 continuent de s'appliquer.
Les anciennes règles s'appliquent dès lors que vous justifiez de 507 heures de travail au cours d'une période de référence de 12 mois (au lieu de 11 mois comme le prévoient les nouvelles règles applicables depuis le 1er janvier 2004) précédant la fin de contrat.
Votre allocation est alors calculée ainsi : (31,3 % × SJR) + PF
SJR : salaire journalier de référence
PF : partie fixe égale à 10,25 € au 1er juillet 2004.
Elle est dégressive (et non fixe comme le prévoient les nouvelles règles) et est versée pendant une durée de 12 mois (au lieu de 8 mois comme le prévoient les nouvelles règles applicables depuis le 1er janvier 2004).

> Les entreprises entrant dans le périmètre de l'intermittence (les ouvriers et les techniciens de l'annexe VIII)

Si vous êtes ouvrier ou technicien du spectacle, seules les heures travaillées dans des entreprises dont l'activité relève des codes NAF visés à l'annexe VIII (voir tableau ci-dessous) sont prises en compte par l'Assedic pour le calcul de l'assurance chômage des intermittents du spectacle.

Attention

Si vous travaillez pour des employeurs dont l'activité ne relève pas des activités susvisées, ces heures seront prises en compte par l'Assedic mais uniquement pour vous permettre de bénéficier le cas échéant d'une indemnisation au titre du régime d'assurance chômage de « droit commun ».

Le 5 mai 2004, le gouvernement a nommé M. Jacques Charpillon, chef de service de l'Inspection générale de l'administration des affaires culturelles pour qu'il présente des propositions pour délimiter le champ d'application des annexes VIII et X aux secteurs et métiers justifiant réellement le recours à l'intermittence.
En effet, les pouvoirs publics et les syndicats considèrent que le déficit chronique du régime d'assurance chômage des intermittents du spectacle résulte notamment du champ d'application trop large du « périmètre » de l'intermittence.
Le tableau ci-après résume les codes NAF et les activités éligibles à l'intermittence.

Code NAF des entreprises éligibles à l'intermittence (annexe VIII)	Nature de l'activité
NAF 22.1 G	Édition d'enregistrement sonore : édition de disques compacts et de bandes contenant de la musique ou d'autres enregistrements sonores
NAF 92.1 C	Production d'œuvres cinématographiques : production et réalisation de films d'auteurs, de longs et courts métrages destinés à la projection en salle
NAF 92.1 A NAF 92.1 B NAF 92.2 B	Production d'œuvres audiovisuelles : production et réalisation de programmes ou d'œuvres consistant en des séquences animées d'images sonorisées ou non
NAF 92.1 D	Prestations techniques pour le cinéma et la télévision : activités connexes à la production de films (prise de son, effets spéciaux, développement, montage, coloriage, doublage, etc.) exercées pour le compte de tiers à savoir le cinéma ou la télévision, sauf les activités d'exploitation de studio d'enregistrement et de mise à disposition de matériel technique
NAF 92.2 A	Production de programmes de radio combinée ou non avec des activités de diffusion
NAF 92.2 D NAF 92.2 E	Diffusion de programmes de télévision ou de radio de tous types
Production de spectacles vivants ou réalisation de prestations techniques pour la création de spectacles vivants	Création ou production directe d'une activité de spectacle face à un auditoire L'activité de l'employeur est répertoriée selon une des quatre catégories suivantes : • 1re catégorie : employeurs titulaires d'une licence d'entrepreneur de spectacles et dont l'activité principale est listée sous le code NAF 92.3 A et 92.3 K ; • 2e catégorie : employeurs dont l'activité est listée sous le code NAF 92.3 B et titulaires du label « prestataire de services du spectacle vivant » ; • 3e catégorie : employeurs titulaires de la licence d'entrepreneur de spectacles n'ayant pas le code NAF de la 1re catégorie ci-dessus et affiliés à la caisse des congés du spectacle ; • 4e catégorie : employeurs ayant organisé des spectacles occasionnels tels que définis à l'article 10 de l'ordonnance du 13 octobre 1945 et par la loi du 18 mars 1999 relative aux spectacles et qui ont fait l'objet d'une déclaration préalable à la préfecture.

À noter

Un arrêt de la Cour de cassation du 13 janvier 2004 (n° 01-21.442) a précisé que l'annexe VIII du règlement d'assurance chômage n'exige pas que « *pour que l'ouvrier ou technicien de la production cinématographique bénéficie du régime d'assurance propre à cette catégorie de salariés, que la société qui l'emploie exerce à titre principal l'une des activités mentionnées dans cette annexe* ».

Autrement dit, les heures de travail effectuées par les intermittents du spectacle doivent être prises en compte par l'Assedic à condition que l'activité exercée par la société soit visée par l'annexe VIII et peu importe que cette activité soit l'activité principale ou une activité accessoire de la société.

> Les emplois éligibles à l'intermittence

L'annexe VIII fixe une liste limitative d'emplois permettant d'accéder au régime d'assurance chômage des intermittents du spectacle.

Attention

Cela signifie qu'un intermittent ne peut être indemnisé au titre de l'assurance chômage que s'il exerce un emploi listé dans l'annexe VIII pour une entreprise dont l'activité est listée, elle aussi, dans l'annexe VIII.

Autrement dit, à sept secteurs d'activité sont attachés des métiers bien définis qui permettent le bénéficier du régime d'assurance chômage des intermittents du spectacle (voir en fin d'ouvrage la partie *Annexe*).

Le cinéma et la télévision

Votre emploi doit appartenir à la liste d'emplois « 1.A » si l'activité de votre employeur est répertoriée sous le code NAF 92.1 A, 92.1 B, 92.1 C, et 92.2 B.
Votre emploi doit appartenir à la liste d'emplois « 1.B » si l'activité de votre employeur est répertoriée sous le code NAF 92.2 D, 92.2 E et INA.

L'animation

Votre emploi doit appartenir à la liste d'emplois figurant dans l'annexe si l'activité de votre employeur est répertoriée sous le code NAF 92.1 A, 92.1 B, 92.1 C, et 92.1 D.

La radio

Votre emploi doit appartenir à la liste figurant dans l'annexe si l'activité de votre employeur est répertoriée sous le code NAF 92.2 A, 92.2 D et RFO.

Les prestations techniques pour le cinéma ou la télévision

Votre emploi doit appartenir à la liste figurant dans l'annexe si l'activité de votre employeur est répertoriée sous le code NAF 92.1 D.

L'édition phonographique

Votre emploi doit appartenir à la liste figurant dans l'annexe si l'activité de votre employeur est répertoriée sous le code NAF 22.1 G.

Les entrepreneurs de spectacle vivant

Votre emploi doit appartenir à la liste figurant dans l'annexe si l'activité de votre employeur est répertoriée dans les première, troisième ou quatrième catégories d'employeurs de la production de spectacles vivants (NAF 92.3 A, 92.3 D, et 92.3 K).

Les prestataires techniques du spectacle vivant

Votre emploi doit appartenir à la liste figurant dans l'annexe si l'activité de votre employeur est répertoriée sous le code NAF 92.3 B avec le label « prestataire de services du spectacle vivant », activité visée dans la deuxième catégorie d'employeurs de la production de spectacles vivants.

> Exemples d'emplois élligibles à l'intermittence

Pour vérifier que votre emploi est éligible au régime d'assurance des intermittents du spectacle, vous devez vous assurer que votre métier figure dans la liste jointe à l'annexe VIII à la convention du 1er janvier 2004 (voir en fin d'ouvrage la partie *Annexe*) :

– dans le domaine du cinéma ou de la télévision, un premier assistant-réalisateur doit travailler pour une entreprise dont le code NAF est 92.1 A, 92.1 B, 92.2 B, 92.2 D, et 92.2 E ;

– dans le domaine de la radio, un conseiller artistique doit travailler pour une entreprise dont le code NAF est 92.2 A et 92.2 D ;

– dans le domaine de l'édition phonographique, un directeur artistique doit travailler pour une entreprise dont le code NAF est 22.1 G.

> La période de référence (annexe VIII)

La période de référence est la période travaillée par l'intéressé précédant la fin de contrat de travail (annexe VIII, art. 3).

Cette période est en 2004 de 335 jours (ou 11 mois) précédant la fin du contrat de travail (fin du contrat de travail intervenue après le 30 décembre 2003) et d'une durée de 304 jours en 2005 (fin du contrat de travail intervenue après le 31 décembre 2004).

L'Assedic recherche si, au cours de la période de référence, l'intéressé a travaillé 507 heures au titre des annexes VIII et X, condition nécessaire pour avoir accès à l'assurance chômage.

> Les réalisateurs

Si vous êtes réalisateur, vous pouvez percevoir une rémunération au cachet ou au forfait.

Ces cachets ou forfaits sont convertis en heures de travail comme suit :

– les cachets « groupés » (c'est-à-dire couvrant une période d'emploi d'au moins 5 jours continus chez le même employeur) sont pris en compte à raison de 8 heures de travail par cachet ;

– les cachets « isolés » sont pris en compte pour 12 heures de travail.

Les conditions d'accès à l'annexe X (artistes du spectacle)

> Les conditions d'accès de droit commun

Ce sont les mêmes conditions de droit commun que celles que nous avons développées pour l'accès à l'annexe VIII (voir ci-dessus).

> Les conditions d'accès spécifiques aux artistes du spectacle (annexe X)

Les conditions visées par l'annexe X

Pour accéder au régime d'assurance chômage au titre de l'annexe X (artiste du spectacle), vous devez :
– avoir été employé par contrat à durée déterminée en qualité d'artiste du spectacle (le secteur d'activité de votre employeur est indifférent) ;
– et justifier d'au moins 507 heures d'affiliation au cours de la période de référence de 319 jours précédant la fin du contrat de travail (cette période de référence est de 335 jours pour 2004).
Le nombre de cachets pris en compte pour le calcul de l'affiliation à l'assurance chômage est limité à 28 par mois civil.
Ces cachets ou forfaits sont convertis en heures de travail.
Les cachets « groupés » (couvrant une période d'emploi d'au moins 5 jours continus chez le même employeur) sont pris en compte pour 8 heures de travail par cachet.
Les cachets « isolés » sont pris en compte pour 12 heures de travail.
Si la période de référence ne couvre qu'une partie d'un mois civil (moins de 30 jours ouvrables), le plafond de 28 cachets est proratisé. Si le nombre de vos cachets dépasse ce plafond de 28 durant un mois civil donné et que vous justifiez au cours de cette période à la fois de cachets groupés et isolés, le nombre de cachets retenu sera calculé comme suit :
Plafond de 28 cachets × (nombre total de cachets isolés effectués/nombre total de cachets isolés et groupés du mois civil) = nombre de cachets isolés arrondi au nombre entier le plus proche.
Nombre de cachets groupés à retenir = plafond de 28 cachets – nombre de cachets isolés retenus

Attention

Ces règles d'accès à l'assurance chômage ne s'appliquent que pour les fins de contrat de travail intervenues après le 31 décembre 2003.
Pour les fins de contrats de travail intervenues avant le 31 décembre 2003, les anciennes règles d'accès continuent de s'appliquer (voir nos observations ci-dessus).

> La période de référence (annexe X)

La période de référence est la période travaillée par l'intéressé précédant la fin du contrat de travail (annexe X, art. 3). L'Assedic recherche si, au

cours de la période de référence, l'intéressé a travaillé 507 heures au titre des annexes VIII et X, pour avoir accès à l'assurance chômage.
Cette période de référence est en 2004 de 335 jours (ou 11 mois) précédant la fin de contrat de travail (fin de contrat de travail intervenue après le 30 décembre 2003) et d'une durée de 319 jours en 2005 (fin de contrat de travail intervenue après le 31 décembre 2004).

Les intermittents du spectacle exclus du régime d'assurance chômage après la réforme de 2003

À la suite de la mise en œuvre de la réforme de 2003, environ 13 000 intermittents du spectacle auraient été exclus du régime d'assurance chômage (rapport Lagrave, 7.6.2004).
Pour répondre à cette situation, les pouvoirs publics ont mis en place depuis le 1er juillet 2004 un fonds spécifique provisoire géré par l'Unedic « *destiné à prendre en compte les effets des nouvelles règles* » pour les intermittents du spectacle exclus du système d'indemnisation à la suite de la réforme de 2003 (directive Unedic n° 13-04, 1.7.2004).
Ce fonds spécifique provisoire est financé uniquement par l'État, une convention a été signée le 1er juillet 2004 entre l'État et l'Unedic pour prévoir les modalités de gestion de l'allocation du fonds spécifique provisoire (AFSP).
Si vous avez bénéficié d'une indemnisation au titre des annexes VIII ou X en 2003 et que vous avez été exclu par application des nouvelles règles depuis le 31 décembre 2003, votre situation sera réexaminée par l'Assedic et vous pourrez bénéficier, à certaines conditions, de l'allocation du fonds spécifique provisoire (AFSP).
En effet, si vous avez été exclu en 2004 du nouveau régime et que vous pouvez justifier de 507 heures d'affiliation au titre des annexes VIII et X sur une période de référence de 365 jours (au lieu de 335 jours), vous pourrez bénéficier de l'indemnisation prévue par les annexes VIII ou X (c'est-à-dire 243 jours d'indemnisation).

À noter

Dans le calcul des 507 heures, sont prises en compte les « périodes de maladie de longue durée » (3 mois au moins) attestées par la Sécurité sociale (formulaire 3316) à raison de 5 heures de travail par journée de maladie (art. 2 paragraphe 1er de la convention État-Unedic).

Les périodes de maladies inférieures à 3 mois ne sont pas assimilées à du travail effectif et sont neutralisées afin de décaler d'autant la période de référence pour le calcul des 507 heures.
Les versements de l'AFSP sont effectués chaque mois à terme échu.
Le fonds spécifique n'est ouvert que pour la période entre le 1er janvier 2004 et le 31 décembre 2004.

À noter

L'Unedic fournira chaque mois les données statistiques suivantes : nombre d'entrées en AFSP réparties par âge, sexe, emploi occupé, bénéficiaires en fin de mois, taux journalier moyen, nombre de jours payés dans le mois, montant des sommes versées, nombre d'allocataires en différé ou en franchise, nombre de sorties du dispositif.

La détermination de votre affiliation

> Quelle annexe appliquer si vous justifiez de périodes d'affiliation relevant à la fois des annexes VIII et X ?

L'annexe applicable est celle pour laquelle vous possédez l'affiliation la plus importante peu importe que la dernière activité relève d'une autre annexe.

Si au cours d'une période de référence donnée, vous justifiez de :

- 200 heures au titre de l'annexe VIII ;
- 350 heures au titre de l'annexe X.

Le règlement qui vous sera applicable sera l'annexe X (car c'est l'annexe au titre de laquelle vous avez le plus travaillé) même si votre dernière affiliation relève de l'annexe VIII.

> La fin de contrat prise en compte

Pour déterminer votre affiliation, l'Assedic prendra en compte votre dernière fin de contrat de travail au cours des 12 mois précédant votre inscription comme demandeur d'emploi.

Si vous ne remplissez pas la condition d'affiliation de 507 heures à la dernière fin de contrat, l'Assedic prendra en compte la fin de contrat précédente (et ainsi de suite) et recherchera si vous remplissez la condition d'affiliation.

> La totalisation des heures accomplies

Pour déterminer votre affiliation selon que vous êtes ouvriers, techniciens ou artistes du spectacle, l'Assedic totalisera :

- les heures effectuées au titre des annexes VIII et X ;
- les périodes de suspension du contrat de travail (maternité, maladie, etc.) à certaines conditions ;
- les heures effectuées à l'étranger (à certaines conditions) ;
- les heures d'enseignement (à certaines conditions) ;
- les heures de formation professionnelle (à certaines conditions) ;
- les heures à la suite de la fermeture de votre entreprise ou de l'interruption de tournage.

Les heures effectuées au titre des annexes VIII et X

Ces heures travaillées au titre des annexes VIII et X sont prises en compte dès lors qu'elles entrent dans la période de référence.

Les périodes de suspension du contrat de travail (maternité, maladie, etc.)

• La maternité

Premier cas : Vous êtes intermittente du spectacle titulaire d'un contrat de travail et votre contrat est suspendu du fait de la maternité, vos jours de maternité seront assimilés à du « travail effectif » dans la limite de 5 heures par jour pour le calcul de l'affiliation.

Deuxième cas : Vous êtes intermittente du spectacle en congé de maternité. Pour les périodes de maternité se situant « *entre des contrats de travail relevant du champ d'application des annexes VIII et X* », ces jours sont assimilés à 5 heures de travail par jour dans la limite des « *heures nécessaires à l'obtention des 507 heures d'affiliation* » (circ. n° 04-11, 18.5.2004).

• La maladie

Si vous êtes en maladie, ces périodes de suspension du contrat sont :

– assimilées à du travail effectif dans la limite de 5 heures par jour pour le calcul de l'affiliation pour les périodes de maladie des intermittents du spectacle titulaires d'un contrat de travail ;

– « neutralisées » pour les périodes de maladie qui se situent entre des contrats de travail relevant du champ d'application des annexes VIII et X. La période de référence déterminée pour la recherche de l'affiliation est alors allongée de la durée de la maladie.

Les heures effectuées à l'étranger

• Les heures effectuées au titre d'activités exercées à l'étranger (détachement)

Si vous êtes « détaché » dans un État membre de l'Union européenne, de l'Espace économique européen ou en Suisse pour le compte d'un « employeur relevant du champ des annexes VIII et X », les heures travaillées à ce titre sont prises en compte pour le calcul de l'affiliation de 507 heures. Vous êtes considéré comme « détaché » dès lors que vous êtes employé par un employeur en France et qu'il vous envoie hors de France pour y exercer une activité salariée d'une durée limitée. Vous conservez alors un « lien de subordination » avec votre employeur en France et vous restez affilié au régime français d'assurance chômage.

• Les heures effectuées au titre d'activités exercées à l'étranger (hors détachement)

Si vous exercez une activité d'artiste du spectacle dans l'Union européenne, l'Espace économique européen ou en Suisse, cette activité sera prise en compte dans la limite de 6 heures par jour quel que soit le domaine d'activité de votre employeur si elle est attestée par un formulaire « E 301 ».

Attention

Les autres périodes d'emploi attestées par le formulaire « E 301 » (notamment celles des techniciens du spectacle) relèvent du régime général de l'assurance chômage puisque l'employeur de l'Union européenne, de l'Espace économique européen ou de la Suisse, ne peut appartenir au champ spécifique de l'annexe VIII.

La formation professionnelle continue

Vos périodes de formation au titre de la formation professionnelle continue sont prises en compte pour le calcul de l'affiliation de 507 heures dans la limite de 338 heures.

Attention

Vos périodes de formation rémunérées par l'assurance chômage ne sont pas prises en compte par l'Assedic pour le calcul de l'affiliation de 507 heures.

Les heures d'enseignement (artistes du spectacle uniquement)

Si vous êtes artistes du spectacle et que vous dispensez des heures d'enseignement dans un établissement d'enseignement agréé (établissements de l'Éducation nationale ou relevant d'un autre ministère, privés sous contrat avec l'État, privés qui délivrent des diplômes reconnus par l'État, etc.) dans le cadre d'un contrat de travail, ces heures seront prises en compte dans la limite de 55 heures pour le calcul de l'affiliation de 507 heures (même si votre contrat de travail avec l'établissement d'enseignement continue de s'exécuter).

La fermeture définitive d'une société ou interruption de tournage

Si votre CDD prend fin à la suite de la fermeture définitive de votre société ou d'une interruption de tournage, la durée non exécutée de votre contrat de travail sera prise en compte comme durée de travail effective pour le calcul de l'affiliation à l'assurance chômage.
En revanche, si vous reprenez une activité entre la date de rupture anticipée de votre contrat de travail et la date de fin de contrat initialement prévue, la période couverte par votre nouvelle activité sera prise en compte en lieu et place de la période d'affiliation au titre du contrat de travail que vous n'avez pas exécuté.

Tableau récapitulatif des heures prises en compte pour le calcul de l'affiliation de 507 heures

Heures prises en compte pour le calcul de l'affiliation	Ouvriers et techniciens du spectacle	Artistes du spectacle
Heures travaillées en qualité d'ouvrier, de technicien ou d'artiste du spectacle, relevant des annexes VIII ou X, au cours de la période de référence	Oui	Oui
Maternité	Oui mais à certaines conditions	Oui mais à certaines conditions
Maladie	Oui mais à certaines conditions	Oui mais à certaines conditions ▶

Heures prises en compte pour le calcul de l'affiliation	Ouvriers et techniciens du spectacle	Artistes du spectacle
Heures effectuées au titre d'activités exercées à l'étranger dans le cadre d'un détachement	Oui mais à certaines conditions	Oui mais à certaines conditions
Heures effectuées au titre d'activités exercées à l'étranger en dehors de tout détachement	Non	Oui mais à certaines conditions
Formation professionnelle continue	Oui	Oui
Heures d'enseignement	Non	Oui
Fermeture définitive d'une société ou interruption de tournage	Oui mais dans certaines limites	Oui mais dans certaines limites

Attention

L'Assedic ne prendra pas en compte pour le calcul de l'affiliation :

- **les heures travaillées au titre du régime général d'assurance chômage ;**
- **les heures ayant déjà servi à une ouverture de droits.**

	Ouvriers et techniciens du spectacle	Artistes du spectacle
Heures travaillées au titre du régime général d'assurance chômage	Exclues pour le calcul de l'affiliation	Exclues pour le calcul de l'affiliation
Heures ayant déjà servi à une ouverture de droits	Exclues pour le calcul de l'affiliation	Exclues pour le calcul de l'affiliation

L'ASSURANCE CHÔMAGE (INDEMNISATION)

CE QUE DIT LA LOI

La durée de l'indemnisation

Bon à savoir

Les intermittents du spectacle qui bénéficient des anciennes règles (fin de contrats intervenue avant le 31 décembre 2003) sont indemnisés pendant une durée de 12 mois.

Depuis le 1er janvier 2004, la durée de l'indemnisation au titre des annexes VIII et X est de 243 jours, soit 8 mois (au lieu de 12 mois avant la réforme).
Cette durée est réduite en cas d'activité non déclarée, chaque jour travaillé et non déclaré à l'Assedic s'impute sur la durée d'indemnisation de l'allocataire.

À noter
Un salarié âgé de plus de 60 ans et ne totalisant pas 160 trimestres d'assurance vieillesse peut être indemnisé jusqu'à ce qu'il ait atteint l'âge de la retraite à condition qu'il soit en cours d'indemnisation et qu'il justifie de 100 trimestres d'assurance vieillesse dont 15 années validées au titre d'activités salariées.

Le montant de l'indemnisation

Le tableau ci-après synthétise les modalités de calcul de l'allocation journalière en 2004 et 2005.

À noter
Les intermittents qui bénéficient des anciennes règles (fin de contrats intervenue avant le 31 décembre 2003) perçoivent une allocation calculée de la même manière que pour l'année 2004. Néanmoins, cette allocation est dégressive.

> Le salaire journalier de référence (SJR)

Pour déterminer le montant de votre allocation journalière, il vous faut calculer le montant de votre salaire journalier de référence (SJR).
Le SJR est calculé selon la formule suivante : SJR = SR/(N – J).

SR : salaire de référence (salaires soumis à contributions Assedic au titre des annexes VIII et X durant la période de référence) ;
N : nombre de jours durant la période de référence (335 jours en 2004 et à compter du 1er janvier 2005, ce nombre est de 304 jours pour l'annexe VIII et de 319 jours pour l'annexe X) ;
J : nombre de jours durant lesquels pendant la période de référence, vous avez :
– été pris en charge au titre des prestations en espèces (maladie) ;
– été au chômage ;
– effectué un stage de formation professionnelle ;
– acquis des droits à congés (1/52e des heures de travail effectuées durant la période de référence).

À noter

Le diviseur du salaire de référence (SR) ne peut être à intérieur à 1/10e des heures de travail retenues (voir la notice Assedic DAJ 168).

	2004 (fin de CDD postérieure au 30.12.2003 et antérieure au 1.1.2005)	2005 (fin de CDD postérieure au 31.12.2004)
Indemnisation	AJ(1) = (31,3 % × SJR(2)) + PF(4)	AJ(1) = (19,5 % × SJR(2)) + (0,026 × NHT(3)) + PF(4)
Plafond	75 % du SJR(2)	75 % du SJR(2)
Exemple	SJR(2) : 130 €. AJ(1) = (31,3 % × 130) + 10,25 = 50,94 €.	SJR(2) : 130 €. NHT(3) : 600 heures AJ(1) = (19,5 % × 130 €) + (600 heures × 0,026 €) + 10,25 € = 51,20 €.

(1) AJ = allocation journalière
(2) SJR = salaire journalier de référence
(3) NHT = nombre d'heures travaillées au cours de la période de référence
(4) PF = partie fixe égale à 10,25 € au 1er juillet 2004

LA LOI EN PRATIQUE

Le point de départ de l'indemnisation

L'allocation journalière (AJ) n'est pas versée immédiatement après la fin de votre CDD.
L'AJ n'est versée par l'Assedic qu'après :
– un différé d'indemnisation ;
– un délai de franchise ;
– et un délai de carence spécifique.

En conséquence, pour déterminer le point de départ de votre indemnisation, vous devez additionner la durée du différé d'indemnisation, celle du délai de franchise (le cas échéant) et celle du délai de carence spécifique (le cas échéant) (voir tableau ci-dessous).

	Durée	Calcul
Différé d'indemnisation	7 jours. Délai incompressible.	Il n'y a pas de formule de calcul. Il débute à l'épuisement de la franchise (le cas échéant) et de la carence spécifique (le cas échéant)
Délai de franchise	À déterminer.	Franchise : [(Salaires perçus durant la période de référence/SMIC mensuel) × (SJR/3 × SMIC jour)] - 30 jours Le SMIC pris en compte est celui à la date de fin de contrat
Délai de carence spécifique	À déterminer. Ce délai de carence est plafonné à 75 jours.	(Montant total des indemnités versées à la fin du contrat de travail - indemnités résultant directement d'une disposition législative) / salaire journalier de référence (SJR)

> Exemple (extrait de la notice Assedic DAJ 168, mars 2004)

Fin de contrat de travail : 1er mars 2004.
Inscription en qualité de demandeur d'emploi : 2 mars 2004.
Salaire de référence (SR) : 5 800 €.
Salaire journalier de référence (SJR) : 56,31 €.
SMIC au 1er juillet 2003 : mensuel : 1 090,51 € ; journalier : 35,95 €.

Franchise = [(salaires perçus durant la période de référence/SMIC mensuel) × (SJR/3 × SMIC jour)] – 30 jours
= [(5 800/1 090,51) × (56,31/3 × 35,95)] – 30 jours
= 2 – 30 jours = – 28 jours.

Aucune franchise n'est appliquée puisque le résultat est inférieur à 30 jours. En conséquence, l'intéressé sera indemnisé après le différé d'indemnisation de 7 jours, soit à compter du 9 mars 2004.

• *Pour trouver la fiche qui vous intéresse, consultez la table des matières en page VII de cet ouvrage.*
• *Pour trouver le thème qui vous intéresse, consultez l'index alphabétique en fin de volume.*

Le cumul des allocations chômage et d'une activité professionnelle

Bon à savoir

L'exercice d'une activité professionnelle ne diminue pas votre indemnisation de 243 jours mais la décale.

Vous pouvez cumuler, à certaines conditions, vos allocations chômage perçues au titre des annexes VIII ou X avec une activité professionnelle.
À cet égard, si vous exercez durant un mois donné une activité professionnelle, votre indemnisation au titre de l'assurance chômage sera réduite en fonction de la durée de votre activité professionnelle durant ce mois et cela décalera d'autant l'indemnisation que vous auriez dû percevoir si vous n'aviez pas travaillé.
L'idée est que, plus vous travaillez durant un mois donné, moins vous avez besoin des allocations chômage.
En cas de cumul d'allocations chômage et d'une activité salariée, le nombre de jours indemnisables au titre de l'assurance chômage sera égal à la différence entre le nombre de jours calendaires du mois et le nombre de jours non indemnisables déterminé sur la base de l'attestation d'employeur mensuelle (AEM) délivrée par l'employeur.

> La notion d'activité professionnelle

Est considérée comme activité professionnelle par l'Assedic, l'activité que vous exercez de façon habituelle en vue de vous procurer les « *ressources nécessaires à votre existence* ».
L'Assedic prend en compte toutes vos rémunérations liées à une activité professionnelle qu'elle soit salariée ou non et qu'elle soit exercée en France ou à l'étranger.

> La notion d'activité bénévole

Vous pouvez parfaitement cumuler vos allocations chômage avec une activité bénévole.
L'activité bénévole est définie comme l'utilisation des périodes de loisirs pour mener une ou des actions dans le domaine culturel, sportif ou social.
Dans ce cas, l'activité bénévole ne réduit pas le montant de vos allocations chômage au cours du mois durant lequel vous exercez cette activité.

> Les droits d'auteur

Vous pouvez également cumuler vos allocations chômage avec des rémunérations assimilées à des droits d'auteur, les droits d'auteur ne sont en effet pas pris en compte pour l'appréciation du montant de vos droits à l'assurance chômage.
Dans ce cas, le montant de vos allocations chômage ne sera pas réduit durant le mois au cours duquel vous percevez les droits d'auteur.

> La détermination des jours non indemnisables en cas d'activité professionnelle

Pour calculer le nombre de jours non indemnisables durant un mois donné, vous devez diviser votre rémunération procurée au titre d'une activité professionnelle (après déduction pour frais professionnels) par votre salaire journalier de référence (SJR) qui a servi de base de calcul à vos allocations chômage.

Si le nombre de jours non indemnisables excède le nombre de jours calendaires durant un mois civil donné, le résultat est plafonné à ce nombre.

Si vous exercez une activité professionnelle non salariée, l'Assedic prendra en considération la base de l'assiette forfaitaire retenue par les assurances sociales pour déterminer le nombre de jours indemnisables.

Détermination du nombre de jours non indemnisables au cours d'un mois donné	Formule de calcul du nombre de jours non indemnisables
Vous percevez des allocations chômage au titre des annexes VIII ou X et vous exercez une activité salariée.	Rémunération brute du mois procurée par votre activité professionnelle après déduction des frais professionnels/ Salaire journalier de référence (SJR) ayant servi de base de vos allocations chômage
Vous percevez des allocations chômage au titre des annexes VIII ou X et vous exercez une activité non salariée.	Prise en compte d'une base forfaitaire retenue par les assurances sociales pour déterminer le nombre de jours indemnisables • 1re année d'activité : Base forfaitaire : 18 fois la base mensuelle des prestations familiales en vigueur au titre de l'année précédente (6 258 € au 1.10.2003). • 2e année d'activité : Base forfaitaire : 27 fois la base mensuelle des prestations familiales en vigueur au titre de l'année précédente (9 387 € au 1.10.2003).

> Exemple (extraits de la circulaire Assedic n° 03-19, 31.12.2003)

Monsieur X perçoit une indemnisation au titre de l'annexe VIII de l'assurance chômage.

La fin de son CDD est intervenue le 8 septembre 2004 et il s'est inscrit comme demandeur d'emploi à compter du 9 septembre 2004.

Il totalise 507 heures de travail dans les 335 jours précédents la fin de son contrat et il a donc droit à une indemnisation de 243 jours.

Son salaire journalier de référence (SJR) est de 50 €.

Le point de départ de son indemnisation débute le 16 septembre 2004 (différé d'indemnisation de 7 jours sans franchise).
Monsieur X va continuer à exercer une activité professionnelle de manière intermittente (voir le tableau ci-dessous, colonne heures travaillées au cours du mois).
L'Assedic déterminera le nombre de jours non indemnisables en fonction de ses rémunérations et de son SJR.
Les jours non payés au titre de l'assurance chômage reportent d'autant la fin de son indemnisation.

Période	Nombre de jours de la période (A)	Heures travaillées au cours du mois	Salaires reçus au cours du mois	Jours non indemnisables (B)	Jours indemnisés (A) - (B)
Septembre	15	60 heures	500 €	10 jours (500/50)	5 jours
Octobre	31	0 heure	0	0	31 jours
Novembre	30	90 heures	1 000 €	20 jours (1 000/50)	10 jours
Décembre	31	90 heures	1 000 €	20 jours (1 000/50)	11 jours
Janvier	31	60 heures	700 €	14 jours (700/50)	17 jours
Février	28	0 heure	0	0	28 jours
Mars	31	100 heures	1 500 €	30 jours (1 500/50)	1 jour

L'ASSURANCE CHÔMAGE (OBLIGATIONS DES ALLOCATAIRES ET DES EMPLOYEURS – SANCTIONS)

CE QUE DIT LA LOI

Les obligations des employeurs

> L'affiliation à l'Assedic et le versement des contributions

L'employeur qui emploie un (ou plusieurs) intermittent(s), doit l'affilier (ou les affilier) à l'assurance chômage et verser les contributions à l'Assedic d'Annecy.

> L'envoi d'une attestation d'employeur mensuelle (AEM)

Tout employeur qui occupe des salariés sous CDD relevant des annexes VIII et X au règlement d'assurance chômage doit établir une attestation d'employeur mensuelle (AEM), quelle que soit la durée d'emploi et même si le contrat de l'intéressé n'a pas pris fin au cours du mois en question.
Le défaut d'envoi de l'AEM lors du versement des contributions entraîne l'application d'une majoration de retard.

Les obligations des intermittents du spectacle

> La déclaration de situation mensuelle (DSM)

Si vous percevez des allocations chômage au titre des annexes VIII et X, vous devez signaler chaque mois à l'Assedic tout événement (stage, arrêt maladie, congé maternité, etc.) ayant une incidence sur votre recherche d'emploi et sur vos droits aux allocations.

> La demande d'allocations chômage (annexes VIII et X)

Si vous remplissez les conditions pour bénéficier de l'assurance chômage au titre des annexes VIII ou X au règlement d'assurance chômage et que vous souhaitez percevoir des allocations, vous devez remplir le formulaire DAJ 111 « Demande d'allocations ressortissants des annexes VIII et X » et l'adresser à l'Assedic.

LA LOI EN PRATIQUE

Les obligations des intermittents du spectacle

> L'envoi chaque mois de la DSM à l'Assedic

Depuis le 1er janvier 2004, dès que vous percevez des allocations chômage, vous devez envoyer chaque mois à l'Assedic une déclaration de situation mensuelle (DSM) dûment remplie et signée (art. L. 311-15 du Code du travail ; circ. n° 03-19, 2.7. : justificatifs à produire chaque mois par l'allocataire).

Cette DSM vous permet de déclarer chaque mois vos périodes d'activités et de signaler que vous continuez d'être à la recherche d'un emploi.

Sur cette DSM, vous devez déclarer toutes les périodes d'activités professionnelles (salariées ou non) en précisant le nom de votre employeur ou sa raison sociale, votre période d'emploi, votre rémunération.

Seules seront prises en considération pour le calcul de vos droits aux allocations chômage, les activités que vous avez déclarées chaque mois sur la DSM.

> L'envoi à votre Assedic de l'AEM remise par votre employeur

Vous devez envoyer également à votre Assedic chaque AEM qui vous aura été remise par votre employeur.

Cette AEM vous sert :

- de justificatif pour toute activité exercée au cours d'un mois ;
- d'attestation d'employeur pour l'ouverture de nouveaux droits ;
- et de déclaration nominative lors du versement mensuel des contributions par l'employeur.

À noter

Si votre employeur est un organisateur occasionnel de spectacles vivants, il vous remettra un feuillet « guichet unique » (et non l'AEM) pour attester de votre période d'emploi et vous devrez l'envoyer à votre Assedic.

Les obligations des employeurs

De son côté, votre employeur doit adresser à l'Assedic l'AEM au plus tard le 15 du mois suivant le versement de la rémunération (centre de recouvrement, cinéma spectacle, BP 2200, 74023 Annecy Cedex).
Votre employeur peut obtenir ces formulaires d'AEM auprès de l'Assedic d'Annecy (Tél. : 0 826 08 08 99 ou sur le site Internet : www.assedic.fr).

Le financement de l'assurance chômage

L'assurance chômage est financée par des contributions des employeurs et des salariés.
Ces contributions sont de 10,80 % de votre rémunération brute (7 % à la charge de votre employeur et 3,80 % à votre charge).
Elles s'appliquent sur le montant des rémunérations versées dans la limite de quatre fois le plafond du régime de Sécurité sociale.

Les sanctions en cas de fraude

> Le remboursement des allocations chômage

Si vous avez perçu indûment des allocations chômage, vous devrez les rembourser à l'Assedic et vous pourrez, le cas échéant, faire l'objet de poursuites pénales.
L'action de l'Assedic en remboursement des allocations chômage se prescrit par 3 ans sauf fraude ou fausse déclaration.
En cas de fraude ou de fausse déclaration, l'action en remboursement des sommes indûment perçues se prescrit par 10 ans à compter du jour du versement de ces sommes.

> Les sanctions pénales

En cas de fraude ou de fausse déclaration destinée à obtenir, faire obtenir ou tenter de faire obtenir des allocations chômage, vous êtes passible d'un emprisonnement de 2 mois et de 3 750 € d'amende ou de l'une de ces deux peines (art. L. 365-1 du Code du travail).

L'ASSURANCE CHÔMAGE (FIN DE L'INDEMNISATION - RÉADMISSION)

CE QUE DIT LA LOI

La fin de l'indemnisation

La fin de l'indemnisation intervient à l'épuisement des 243 jours d'allocations chômage.
Ces 243 jours d'allocations peuvent être décalés en cas d'exercice d'une activité salariée durant la période d'indemnisation du chômage (voir la fiche : L'ASSURANCE CHÔMAGE (INDEMNISATION).

La réadmission

À la fin de votre indemnisation, l'Assedic va rechercher si vous pouvez être réadmis à l'assurance chômage au titre des annexes VIII et X.
La réadmission requiert que vous remplissiez à nouveau les conditions d'accès à l'assurance chômage (annexes VIII et X, art. 10).
À cet égard, l'Assedic va rechercher si vous justifiez d'au moins 507 heures d'affiliation durant la période de référence de 304 (annexe VIII) ou 319 jours (annexe X) (en 2004, 335 jours) précédant votre dernière fin de contrat de travail.
Si vous ne totalisez pas les 507 heures d'affiliation, l'Assedic va remonter à votre avant-dernière fin de contrat de travail (et ainsi de suite) et rechercher si vous remplissez la condition d'affiliation de 507 heures au cours d'une nouvelle période de référence de 304 ou 319 jours (en 2004, 335 jours).

• *Pour trouver la fiche qui vous intéresse, consultez la table des matières en page VII de cet ouvrage.*
• *Pour trouver le thème qui vous intéresse, consultez l'index alphabétique en fin de volume.*

LA LOI EN PRATIQUE

Les activités prises en compte pour être réadmis à l'assurance chômage des intermittents du spectacle (annexes VIII et X)

Pour rechercher si vous pouvez être réadmis à l'assurance chômage au titre des annexes VIII et X, l'Assedic va prendre en compte vos périodes de travail accomplies après votre date d'admission précédente.

Vos activités prises en compte pour le calcul de l'assurance chômage devront :

– relever du champ d'application des annexes VIII ou X ;

– avoir été déclarées sur la déclaration de situation mensuelle (DSM) et justifiées par la remise d'une attestation d'employeur mensuelle (AEM) ;

– être achevées (fin de contrat de travail) dans la période de recherche d'affiliation sauf en ce qui concerne les heures d'enseignement dispensées par les artistes pour lesquelles une fin de contrat de travail n'est pas exigée.

> Exemple (extraits de la circulaire n° 03-19, 31.12.2003)

Monsieur X a épuisé ses droits à l'assurance chômage le 14 septembre 2004.

L'Assedic réexamine ses droits le 15 septembre et va rechercher s'il remplit la condition d'affiliation de 507 heures durant la période de référence de 335 jours précédant la dernière fin de contrat de travail.

La dernière fin de contrat de travail est intervenue le 20 août 2004.

La période de référence de 335 jours précédant la fin de contrat de travail (20 août) débute le 20 septembre 2003 et prend fin le 20 août 2004.

Au cours de la période, l'intéressé a travaillé :

(50 + 90 + 10 + 70 + 30 + 100 + 60 + 90) heures = 500 heures (< 507 heures).

L'Assedic va rechercher une nouvelle période de référence qui débute à compter de l'avant-dernière fin de contrat de travail de l'intéressé. L'avant-dernier contrat de l'intéressé a pris fin le 31 juillet 2004.

Cette période de référence s'écoule désormais entre le 31 août 2003 et le 31 juillet 2004.

Il a travaillé durant cette période :

90 + 10 + 70 + 30 + 100 + 60 + 90 + 90 = 540 heures (> 507 heures) ce qui lui permet d'être réadmis à l'assurance chômage des intermittents du spectacle.

L'envoi d'une demande d'allocations

Au plus tard 30 jours suivant la fin de votre indemnisation, l'Assedic vous adressera un formulaire de demande d'allocations chômage.
Vous devrez compléter ce formulaire, le signer et l'accompagner des justificatifs pour que votre demande de réadmission soit effectuée.

Si votre réadmission n'est pas possible

Au cas où votre réadmission ne serait pas possible (vous n'avez pas travaillé 507 heures pendant la période de référence, par exemple), l'Assedic étudiera si vous pouvez bénéficier des allocations chômage dans le cadre du régime général (hors annexes VIII et X).

Les intermittents du spectacle exclus à la suite de la mise en œuvre de la réforme de 2003

Voir la fiche : L'ASSURANCE CHÔMAGE (ACCÈS).

LA FORMATION PROFESSIONNELLE CONTINUE

CE QUE DIT LA LOI

L'objet de la formation professionnelle

La formation professionnelle continue vise à favoriser l'insertion ou la réinsertion professionnelle des travailleurs mais aussi à permettre leur maintien dans l'emploi ou à développer leurs compétences.

La loi Fillon n° 2004-391 du 4 mai 2004 relative à la formation professionnelle tout au long de la vie et au dialogue social reprend l'accord signé par tous les partenaires sociaux le 20 septembre 2003 relatif à l'accès des salariés à la formation tout au long de la vie professionnelle et qui donne un nouvel essor à la formation professionnelle continue.

L'accès à la formation professionnelle

Aux termes de l'article L. 930-1 du Code du travail, l'accès des salariés à la formation professionnelle continue peut résulter d'une initiative :

- de l'employeur dans le cadre du plan de formation ;
- du salarié dans le cadre du congé de formation ;
- du salarié avec l'accord de son employeur dans le cadre du droit individuel à la formation (DIF).

LA LOI EN PRATIQUE

L'AFDAS

La formation des intermittents du spectacle est gérée par l'Assurance formation des activités du spectacle (AFDAS).

Votre employeur doit adhérer à l'AFDAS dès lors qu'il emploie un (ou plusieurs) intermittent(s) du spectacle.

Il doit verser une contribution de 2 % de la masse salariale des intermittents du spectacle.

Le plan de formation

Pour effectuer un stage dans le cadre du plan de formation, vous devez justifier de 24 mois d'ancienneté professionnelle dans l'intermittence précédant la demande de stage et, au cours de ces 24 mois, de :
- 48 cachets pour les artistes ;
- ou 130 jours travaillés pour les techniciens de l'audiovisuel ;
- ou 88 jours travaillés pour les réalisateurs ou techniciens du spectacle vivant.

Ces actions de formation doivent vous permettre de vous adapter à votre poste de travail, d'évoluer dans votre emploi, de vous maintenir dans votre emploi ou enfin de développer vos compétences professionnelles.
Durant la formation, vous êtes rémunéré par l'AFDAS.

À noter

Lors de la consultation du comité d'entreprise (s'il existe) au titre du plan de formation, votre employeur doit remettre aux représentants du personnel un document d'information précisant :
- **les actions d'adaptation au poste de travail ;**
- **les actions liées à l'évolution de l'emploi ou participant au maintien de l'emploi ;**
- **les actions de développement des compétences (elles peuvent se dérouler en dehors du temps de travail dans la limite de 80 heures par an).**

Si il n'y a pas de comité d'entreprise, votre employeur n'est pas tenu d'établir un tel document d'information.

Le congé de formation

> Le congé individuel de formation (CIF)

Le CIF permet à tout travailleur de suivre au cours de sa vie professionnelle, à son initiative et à titre individuel, des actions de formation indépendamment de sa participation aux stages compris dans le plan de formation de l'entreprise.
Durant votre CIF, vous êtes stagiaire de la formation professionnelle et rémunéré par l'AFDAS.
Pour en bénéficier, vous devez :
- justifier de 24 mois d'activité salariée au cours des cinq dernières années ;
- avoir travaillé durant quatre mois consécutifs au cours des douze derniers mois.

De plus, vous devez justifier des conditions spécifiques suivantes :
- artistes-interprètes et musiciens : 60 jours ou cachets répartis sur les 24 derniers mois ou 30 jours ou cachets répartis sur les 12 derniers mois ;

– techniciens du spectacle vivant ou réalisateurs : 88 jours de travail ou cachets répartis sur les 24 derniers mois ou 44 jours ou cachets répartis sur les 12 derniers mois ;
– techniciens de l'audiovisuel : 130 jours de travail ou cachets répartis sur les 24 derniers mois ou 65 jours de travail ou cachets répartis sur les 12 derniers mois.

L'AFDAS applique une période de carence pour l'accès au CIF.

En effet, vous devez respecter un délai de carence entre un CIF et un stage relevant du plan de formation calculé comme suit :
– 6 mois si la durée du dernier stage suivi est inférieure ou égale à 40 heures ;
– 12 mois si la durée du dernier stage suivi est entre 41 et 160 heures ;
– 18 mois si la durée du dernier stage suivi est entre 161 et 315 heures ;
– 24 mois si la durée du dernier stage suivi est supérieure à 316 heures.

Par ailleurs, vous devez respecter un délai de carence entre deux CIF qui varie entre 6 mois et 6 ans.

Ce délai est calculé suivant la formule suivante :

$$\text{Délai en année(s)} = \frac{\text{nombre d'heures suivies au titre du premier CIF}}{144}$$

> Le congé de bilan de compétences (CBC)

Le congé de bilan de compétences vous permet d'analyser vos compétences professionnelles, personnelles et vos aptitudes en vue de définir un projet professionnel ou un projet de formation.

Pour en bénéficier, vous devez justifier en qualité de salarié d'une ancienneté d'au moins 5 ans, consécutifs ou non, dont 12 mois dans votre entreprise.

Vous devez informer votre employeur de votre absence au moins 60 jours avant le début du congé de bilan de compétences et lui indiquer les dates, la durée, le nom de l'organisme en charge du congé.

Votre employeur doit vous répondre dans les 30 jours et ne peut pas reporter le congé au-delà de 6 mois suivant votre demande. L'absence de réponse de votre employeur dans le délai requis vaut acceptation du congé (Cour de cassation, 22.1.1992, 234).

> Le congé pour validation des acquis de l'expérience (CVAE)

Vous pouvez bénéficier d'actions vous permettant de faire valider vos acquis de l'expérience en vue d'obtenir un diplôme, un titre à finalité professionnelle ou un certificat de qualification figurant sur une liste établie par la Commission paritaire de l'emploi.

Le congé pour validation des acquis de l'expérience ne peut excéder 24 heures de temps de travail consécutives ou non et n'est soumis à aucune condition d'ancienneté.

Vous devez informer votre employeur de votre absence au moins 60 jours avant le début du congé et lui indiquer les dates, la durée et l'autorité délivrant le titre.

Votre employeur doit vous répondre dans les 30 jours et ne peut pas reporter le congé au-delà de 6 mois suivant votre demande. L'absence de réponse de votre employeur vaut acceptation du congé.

Le droit individuel à la formation (DIF)

La loi Fillon du 4 mai 2004 a instauré un droit individuel à la formation (DIF). Les CDI à temps plein bénéficient d'actions de formation d'une durée minimale de 20 heures par an (proratisée pour les salariés à temps partiel). Elles sont cumulables sur 6 ans (soit 120 heures).

Le DIF permet d'effectuer soit des actions de promotion, soit des actions d'acquisition, d'entretien, ou de perfectionnement des connaissances, ou encore des actions de formation conduisant à l'acquisition d'un diplôme ou d'un titre à finalité professionnelle.

Les salariés en CDD (donc les intermittents du spectacle) peuvent bénéficier, pendant la durée de leur contrat, d'un DIF *prorata temporis* après 4 mois de présence dans l'entreprise, consécutifs ou non, au cours des 12 derniers mois, dans le cadre du congé individuel de formation.

L'employeur est tenu d'informer par écrit le salarié de ses droits acquis au titre du DIF. Les droits acquis dans le cadre du DIF sont transférables.

À cet égard, en cas de licenciement, sauf faute grave ou faute lourde, le montant de l'allocation de formation correspondant aux heures acquises au titre du DIF et non utilisées est transférable sur la base du salaire net perçu par le salarié avant son départ de l'entreprise. Ce transfert permettra au salarié de bénéficier d'une action de formation s'il le demande pendant son préavis. Par ailleurs, en cas de démission, le salarié peut bénéficier du DIF durant son préavis.

Le contrat de professionnalisation

À compter du 1er octobre 2004, la loi Fillon substitue aux différents contrats en alternance (contrats de qualification, contrats d'orientation et contrats d'adaptation), le « contrat de professionnalisation ».

Il permet aux jeunes de moins de 26 ans et aux demandeurs d'emploi d'acquérir un diplôme, un titre ou une qualification afin de favoriser leur insertion ou leur réinsertion professionnelle.

Il peut être, soit un contrat de travail à durée déterminée, soit un contrat à durée indéterminée.

Il donne lieu à la construction d'un parcours de formation alternant des périodes de formation et une activité professionnelle en relation avec la qualification préparée.

La durée de la formation est de 6 à 12 mois et peut être portée, dans certains cas, à 24 mois.

La période de professionnalisation

Certains salariés peuvent bénéficier, à l'initiative de l'employeur ou du salarié, d'une période de professionnalisation afin d'acquérir un diplôme, un titre ou une qualification ou encore de participer à une action de formation. Ces « périodes de professionnalisation » sont destinées aux salariés en poste dont la qualification est inadaptée à l'évolution des technologies et des organisations.

LA RETRAITE

CE QUE DIT LA LOI

Audiens est en charge de la gestion administrative et comptable des caisses de retraite du spectacle et des institutions sociales qui l'ont mandaté.
Audiens est né du regroupement entre le Groupement des institutions sociales du spectacle (GRISS), spécialisé dans le spectacle et l'audiovisuel, et IPS Bellini Gutenberg, spécialisé dans la presse, les médias et la communication.
Audiens regroupe des caisses de retraite, des caisses de prévoyance complémentaire et des institutions sociales.

Les caisses de retraite

Audiens rassemble les caisses de retraite et de prévoyance du spectacle.
L'IRPS gère le régime de retraite complémentaire des non-cadres de l'ARCCO (association des régimes de retraite complémentaire).
L'IRCPS gère le régime de retraite complémentaire des cadres, mis en œuvre par l'AGIRC (association générale des institutions de retraite des cadres).

La prévoyance complémentaire

Audiens gère aussi la prévoyance complémentaire (incapacité de travail, invalidité).

Les institutions sociales

Audiens regroupe également des institutions sociales auxquelles il est associé : Union sociale du spectacle, Union patronale pour l'aide à la construction 1 % logement, Mutuelle d'organisations sociales.

L'affiliation

Les sociétés qui exercent leur activité principale dans le spectacle, le cinéma, l'audiovisuel doivent affilier leurs salariés permanents ou intermittents auprès des caisses d'Audiens pour la retraite complémentaire.
Les employeurs de techniciens et d'artistes du spectacle (permanents ou intermittents) sont tenus de verser les cotisations de retraite complémentaire à Audiens.

LA LOI EN PRATIQUE

La pension vieillesse de la Sécurité sociale

Pour avoir droit à une pension de vieillesse du régime général de la Sécurité sociale, il faut avoir au moins 60 ans et avoir au moins un trimestre d'assurance.

En outre, pour avoir droit au maximum de la pension de retraite (années 2003-2008), il faut avoir cotisé 160 trimestres.

À partir de 2009, la durée d'assurance requise pour bénéficier d'une pension de retraite à taux plein sera majorée d'un trimestre par année pour atteindre 41 annuités en 2012.

Le montant de la pension de vieillesse est déterminé en fonction de la durée d'assurance de l'intéressé, du taux applicable et du salaire moyen annuel de base.

Le montant de la pension de vieillesse est majoré au cas où la durée d'assurance a donné lieu à cotisation accomplie au-delà de 60 ans et au-delà du nombre de trimestres requis pour bénéficier d'une pension à taux plein.

Le versement de la pension implique que l'intéressé a cessé son activité professionnelle. Néanmoins, il est possible, à certaines conditions, de cumuler une pension de vieillesse et une activité professionnelle.

Le montant minimal de la pension est :

– égal au montant de l'allocation aux vieux travailleurs salariés (AVTS) lorsque la durée d'assurance est d'au moins 160 trimestres et il est proratisé si la durée d'assurance est inférieure à 160 trimestres ;

– d'un montant fixé par décret pour au minimum 150 trimestres d'assurance pour les pensions liquidées après le 1er avril 1983.

Le montant maximal de la pension vieillesse est égal à 50 % du plafond de la Sécurité sociale. À ce montant peuvent s'appliquer des majorations.

La retraite complémentaire

La pension de vieillesse est complétée par une retraite complémentaire dont le montant varie en fonction de la durée d'assurance et du nombre de points acquis.

La retraite complémentaire peut être liquidée dès 60 ans si l'intéressé a fait liquider sa pension vieillesse de la Sécurité sociale au taux plein.

Si vous justifiez d'un nombre de trimestres d'assurance vous permettant de bénéficier d'une retraite à taux plein, la retraite sera calculée sans coefficient d'abattement.

En revanche, si vous ne justifiez pas d'un nombre de trimestres de cotisations suffisant, un coefficient d'abattement s'appliquera sur votre retraite complémentaire.

Votre allocation annuelle sera égale au produit du nombre de points retraite acquis multiplié par la valeur du point en vigueur lors du versement.

ADRESSES UTILES

LA VISITE MÉDICALE

Centre médical de la Bourse (CMB)
26, rue Notre-Dame-des-Victoires
75002 Paris
Tél. : 01 42 60 06 77
Fax : 01 42 60 38 40
Site Internet : www.cmb-asso.fr

LE GUICHET UNIQUE DU SPECTACLE

Guichet unique du spectacle (GUSO)
27, rue de la Foire
74500 Chavanod
Tél. : 0 810 863 342 (numéro azur)
Site Internet : www.guso.com.fr

L'IMPRÉSARIO

Ministère du Travail
127, rue de Grenelle
75007 Paris
Tél. : 01 44 38 38 38
Site Internet : www.travail.gouv.fr

L'ENGAGEMENT DES MINEURS DANS LE SPECTACLE

Commission des enfants du spectacle
Direction des affaires sanitaires et sociales de Paris
Vie familiale et droit des personnes
75, rue de Tocqueville
75850 Paris Cedex 17
Tél. : 01 58 57 11 00

Ministère des Affairtes sociales, du Travail et de la Solidarité
Site Internet : www.travail.gouv.fr

• *Pour trouver la fiche qui vous intéresse, consultez la table des matières en page VII de cet ouvrage.*
• *Pour trouver le thème qui vous intéresse, consultez l'index alphabétique en fin de volume.*

LA RÉMUNÉRATION

ADAMI
14-16, rue Ballu
75311 Paris Cedex 09
Fax : 01 44 63 10 10
Site Internet : www.adami.org

SACEM
9, rue square Moncey
75009 Paris
Tél. : 0 820 20 20 74
Site Internet : www.sacem.fr

SPEDIDAM
16, rue Amélie
75343 Paris Cedex 07
Tél. : 01 44 18 58 58
Site Internet : www.spedidam.fr

LA CONVENTION COLLECTIVE

JOURNAL OFFICIEL
26, rue Desaix
75015 Paris
Site Internet : www.journal-officiel.gouv.fr

LÉGIFRANCE
Site Internet : www.legifrance.gouv.fr

LES CONGÉS DU SPECTACLE

CAISSE DES CONGÉS DU SPECTACLE
7, rue Helder
75009 Paris
Tél. : 01 48 24 53 75 (sociétés)
01 48 24 73 16 (salariés)
Minitel : 3614 code HELDER
Site Internet : www.conges-spectacles.com

• *Pour trouver la fiche qui vous intéresse, consultez la table des matières en page VII de cet ouvrage.*
• *Pour trouver le thème qui vous intéresse, consultez l'index alphabétique en fin de volume.*

L'ASSURANCE CHÔMAGE

ASSEDIC D'ANNECY
BP 2200
74023 Annecy Cedex
Tél. : 0 826 08 08 99
Fax : 04 50 10 15 15
Site Internet : www.assedic.fr

LA FORMATION PROFESSIONNELLE CONTINUE

AFDAS
3, rue au Maire
75156 Paris Cedex 03
Tél. : 01 44 78 39 39
Fax : 01 44 78 39 40
Site Internet : www.afdas.fr

L'ANPE DU SPECTACLE

ANPE DU SPECTACLE
50, rue de Malte
75011 Paris
Tél. : 01 53 36 28 28
Fax : 01 43 55 70 46
Site Internet : www.culture-spectacle.anpe.fr

LA RETRAITE

AUDIENS
8, rue Bellini
75782 Paris Cedex 16
Tél. : 0 811 65 50 50 (prix appel local)
Fax : 0 811 65 60 60 (prix appel local)
Site Internet : www.audiens.org

ANNEXE

LISTE RELATIVE AU CHAMP D'APPLICATION DE L'ANNEXE VIII

(*JO* 14.12.2003, p. 21331 et suivants)

1. Employeurs

L'annexe VIII au règlement de l'assurance chômage s'applique aux ouvriers et techniciens engagés par des employeurs relevant de l'article L. 351-4 ou L. 351-12 du Code du travail, de l'édition de l'enregistrement sonore, de la production cinématographique et audiovisuelle, de la diffusion de programmes de télévision ou de la radio, ainsi que de la production de spectacles vivants ou de la réalisation de prestations techniques pour la création de spectacles vivants dans les domaines d'activité définis ci-après et répertoriés par les codes NAF visés ci-dessous.

1.1. Édition d'enregistrement sonore

Il faut entendre l'édition de disques, de disques compacts et de bandes contenant de la musique ou d'autres enregistrements sonores.

L'activité de l'employeur doit être répertoriée par le code NAF suivant :

22.1 G Édition d'enregistrements sonores.

1.2. Production d'œuvres cinématographiques

Il faut entendre la production et la réalisation de films d'auteurs, de longs et courts métrages destinés à la projection dans les salles.

L'activité de l'employeur doit être répertoriée par le code NAF suivant :

92.1 C Production de films pour le cinéma.

1.3. Production d'œuvres audiovisuelles

Il faut entendre la production et la réalisation de programmes ou d'œuvres consistant en des séquences animées d'images sonorisées ou non.

L'activité de l'employeur doit être répertoriée par les codes NAF suivants :

92.1 A Production de films pour la télévision ;

92.1 B Production de films institutionnels et publicitaires ;

92.2 B Production de programmes de télévision.

1.4. Prestations techniques pour le cinéma et la télévision

Il faut entendre toutes les activités connexes à la production de films telles que prise de son, effets spéciaux, développement, montage, coloriage, doublage, etc., exercées pour le compte de tiers, que ce soit pour le cinéma ou pour la télévision, sauf les activités d'exploitation de studio d'enregistrement et de mise à disposition de matériel technique.

L'activité de l'employeur doit être répertoriée par le code NAF suivant :

92.1 D Prestations techniques pour le cinéma et la télévision.

1.5. Production de programmes de radio

Il faut entendre la production de programmes de radio combinée ou non avec des activités de diffusion.

L'activité de l'employeur doit être répertoriée par le code NAF suivant :

92.2 A Activités de radio.

1.6. Diffusion d'œuvres ou de programmes de télévision et de radio

Il faut entendre toute activité ayant pour objet la diffusion de programmes de télévision de tous types.

L'activité de l'employeur doit être répertoriée par les codes NAF suivants :

92.2 D Édition de chaînes généralistes ;

92.2 E Édition de chaînes thématiques.

1.7. Production de spectacles vivants ou réalisation de prestations techniques pour la création de spectacles vivants

Par spectacle vivant, il faut entendre : la création ou la production directe d'une activité de spectacle face à un auditoire.

L'activité de l'employeur doit être répertoriée dans l'une des quatre catégories suivantes :

1re catégorie : les employeurs titulaires de la licence de spectacle et dont l'activité principale est répertoriée sous le code NAF :

92.3 A Activités artistiques ;

92.3 K Activités diverses du spectacle sauf les activités des services des bals, des écoles, clubs et professeurs de danses.

2e catégorie : les employeurs titulaires du code NAF 92.3 B et du label « prestataire de services du spectacle vivant ».

3e catégorie : les employeurs titulaires de la licence d'entrepreneur de spectacle n'ayant pas le code NAF de la 1re catégorie visée ci-dessus, et affiliés à la caisse des congés du spectacle.

4e catégorie : les employeurs ayant organisé des spectacles occasionnels tels que définis par l'article 10 de l'ordonnance du 13 octobre 1945 et la loi n° 99-198 du 18 mars 1999 relatives aux spectacles qui ont fait l'objet d'une déclaration préalable à la préfecture.

2. Salariés

Type de fonctions n° 1

Fonctions des activités cinéma et télévision

(NAF : 92.1 A, 92.1 B, 92.1 C, 92.2 B, 92.2.D, 92.2. E)

Liste 1A : NAF : 92.1 A, 92.1 B, 92.1 C, 92.2 B

Liste 1B : 92.2. D, 92.2. E et INA

Les fonctions ci-dessous peuvent être déclinées au féminin :

	Fonctions	Liste 1A	Liste 1B
1	1er assistant décorateur	X	X
2	1er assistant OPV	X	X
3	1er assistant réalisateur	X	X
4	1er assistant son	X	
5	2e assistant décorateur	X	
6	2e assistant OPV	X	
7	2e assistant réalisateur	X	X
8	Accessoiriste	X	X
9	Adjoint au producteur		X
10	Administrateur adjoint comptable	X	
11	Administrateur de production	X	
12	Agent spécialisé d'émission		X ▶

	Fonctions	Liste 1A	Liste 1B
13	Aide de plateau	X	X
14	Animateur d'émission	X	X
15	Animatronicien	X	
16	Assistant de post-production	X	
17	Assistant de production	X	X
18	Assistant de production adjoint	X	
19	Assistant du son	X	X
20	Assistant monteur adjoint	X	
21	Assistant monteur/Monteur adjoint	X	
22	Assistant OPV adjoint	X	
23	Assistant réalisateur	X	X
24	Assistant réalisateur adjoint	X	
25	Assistant régisseur adjoint	X	
26	Assistant son adjoint	X	
27	Assistant : Cadreur/Caméraman/OPV		X
28	Assistante scripte adjointe	X	
29	Bruiteur	X	X
30	Cadreur/Caméraman/OPV	X	X
31	Chauffeur de production	X	
32	Chef coiffeur perruquier		X
33	Chef constructeur	X	X
34	Chef costumier	X	X
35	Chef de plateau/Régisseur de plateau	X	X
36	Chef de production		X
37	Chef décorateur	X	X
38	Chef éclairagiste/Chef électricien	X	X
39	Chef machiniste	X	X
40	Chef maquilleur	X	X
41	Chef maquilleur posticheur		X
42	Chef menuisier	X	
43	Chef monteur	X	X
44	Chef opérateur du son/Ingénieur du son	X	X
45	Chef peintre	X	
46	Chef sculpteur décorateur	X	
47	Chef staffeur	X	▶

	Fonctions	Liste 1A	Liste 1B
48	Coiffeur	X	X
49	Coiffeur perruquier	X	X
50	Collaborateur artistique	X	X
51	Collaborateur littéraire/Conseiller spécialisé		X
52	Comptable de production	X	
53	Conducteur de groupe	X	X
54	Conformateur	X	
55	Conseiller artistique/Conseiller de programme	X	X
56	Conseiller technique/Conseiller technique à la réalisation	X	X
57	Constructeur	X	X
58	Coordinateur d'écriture (script éditeur)	X	
59	Costumier	X	X
60	Créateur de costumes/Styliste	X	X
61	Décorateur	X	X
62	Décorateur exécutant	X	
63	Décorateur peintre/Dessinateur en décor	X	X
64	Décorateur tapissier	X	X
65	Dessinateur artistique		X
66	Directeur artistique	X	
67	Directeur de collection	X	
68	Directeur de dialogues (coach)	X	
69	Directeur de la distribution	X	
70	Directeur de la photo/Chef OPV	X	X
71	Directeur de post-production/Chargé de post-production	X	
72	Directeur de production/Chargé de production	X	X
73	Documentaliste/Recherchiste	X	X
74	Dresseur	X	
75	Éclairagiste/Électricien		X
76	Ensemblier/Décorateur ensemblier	X	
77	Étalonneur	X	
78	Graphiste vidéo/Infographiste		X
79	Habilleur	X	
80	Illustrateur sonore	X	X
81	Ingénieur de la vision	X	
82	Ingénieur de la vision adjoint	X	▶

	Fonctions	Liste 1A	Liste 1B
83	Lecteur de texte		X
84	Machiniste	X	X
85	Maçon	X	
86	Maquettiste	X	
87	Maquettiste staffeur	X	
88	Maquillage et coiffure spéciaux	X	
89	Maquilleur	X	X
90	Maquilleur-posticheur	X	X
91	Mécanicien	X	
92	Menuisier	X	
93	Menuisier traceur	X	X
94	Métallier	X	
95	Mixeur	X	X
96	Monteur	X	X
97	Monteur truquiste		X
98	Opérateur d'effets en temps réel	X	
99	Opérateur de voies	X	
100	Opérateur du son	X	
101	Opérateur magnétoscope	X	
102	Opérateur magnétoscope ralenti	X	X
103	Opérateur playback	X	
104	Opérateur régie vidéo	X	
105	Opérateur spécial (steadicamer...)	X	
106	Opérateur synthétiseur	X	X
107	Peintre/Peintre décorateur	X	X
108	Peintre en lettres/faux bois	X	
109	Perchiste	X	X
110	Photographe	X	
111	Pointeur	X	
112	Preneur du son/Opérateur du son	X	X
113	Présentateur		X
114	Producteur/Délégué du producteur		X
115	Producteur artistique	X	X
116	Producteur exécutif	X	
117	Programmateur musical		X ▶

	Fonctions	Liste 1A	Liste 1B
118	Prothésiste	X	
119	Réalisateur	X	X
120	Régisseur	X	X
121	Régisseur adjoint	X	
122	Régisseur d'extérieur	X	X
123	Régisseur général	X	
124	Répétiteur	X	
125	Responsable des enfants	X	
126	Responsable des repérages	X	
127	Rippeur	X	
128	Scripte	X	X
129	Sculpteur décorateur	X	
130	Secrétaire de production	X	
131	Serrurier	X	
132	Sous-chef éclairagiste/Sous-chef électricien	X	
133	Sous-chef machiniste	X	
134	Sous-chef menuisier	X	
135	Sous-chef peintre	X	
136	Sous-chef staffeur	X	
137	Staffeur	X	
138	Storyboarder	X	
139	Superviseur d'effets spéciaux	X	
140	Tapissier/Tapissière/Tapissier décorateur	X	X
141	Technicien de reportage/Technicien de reportage vidéo		X
142	Technicien truquiste	X	
143	Technicien vidéo	X	X
144	Toupilleur	X	
145	Traducteur		X
146	Truquiste	X	X
147	Vidéographiste	X	

Type de fonctions n° 2

Fonctions du secteur de l'animation
(NAF : 92.1 A, 92.1 B, 92.1 C, 92.1 D)

Les fonctions ci-dessous peuvent être déclinées au féminin :

Filière Réalisation (2D/3D)

1 Réalisateur

2 Directeur artistique
3 Directeur d'écriture
4 Chef story-boarder
5 Story-boarder
6 1er Assistant réalisateur
7 Script
8 2e Assistant réalisateur
9 Assistant story-boarder

Filière conception

10 Directeur de modélisation
11 Chef dessinateur d'animation
12 Superviseur de modélisation
13 Chef modèles couleur
14 Dessinateur d'animation
15 Infographiste de modélisation
16 Coloriste modèle
17 Assistant dessinateur d'animation
18 Assistant infographiste de modélisation
19 Assistant modèles couleur

Filière lay-out (2D/3D)

20 Directeur lay-out
21 Chef feuille d'exposition
22 Chef lay-out
23 Vérificateur lay-out
24 Animateur feuille d'exposition
25 Dessinateur lay-out
26 Infographiste lay-out
27 Traceur lay-out
28 Détecteur d'animation
29 Assistant lay-out
30 Assistant infographiste lay-out

Filière animation (2D/3D)

31 Directeur animation
32 Chef animateur
33 Responsable des assistants animateurs
34 Animateur
35 Animateur adjoint
36 Chef assistant
37 Assistant animateur
38 Animateur retouche temps réel
39 Intervalliste

Filière décors, rendu et éclairage (2D/3D)

40 Directeur décor
41 Directeur rendu et éclairage
42 Chef décorateur
43 Superviseur rendu et éclairage
44 Décorateur
45 Infographiste rendu et éclairage
46 Assistant décorateur
47 Assistant infographiste rendu et éclairage

Filière traçage, colorisation, scan

48 Chef vérificateur d'animation
49 Chef vérificateur trace-colorisation
50 Chef traceur
51 Chef de la colorisation
52 Vérificateur d'animation
53 Vérificateur trace-colorisation
54 Responsable scan
55 Traceur
56 Assistant vérificateur d'animation
57 Assistant vérificateur trace-colorisation
58 Préparateur - vérificateur scan
59 Gouacheur
60 Opérateur scan
61 Coloriste

Filière intégration, compositing (2D/3D)

62 Directeur intégration numérique
63 Directeur compositing
64 Chef intégration numérique
65 Chef opérateur banc-titre
66 Chef compositing
67 Cadreur animation
68 Opérateur intégration numérique
69 Opérateur compositing
70 Opérateur banc-titre
71 Opérateur capture de mouvement
72 Assistant opérateur intégration numérique
73 Assistant opérateur compositing
74 Assistant opérateur banc-titre
75 Opérateur digitalisation

Filière volume

76 Chef animateur volume
77 Chef décorateur volume
78 Chef opérateur volume
79 Chef plasticien volume
80 Chef accessoiriste volume
81 Chef moulage
82 Animateur volume
83 Décorateur volume
84 Plasticien volume
85 Opérateur volume
86 Accessoiriste volume
87 Technicien effets spéciaux volume
88 Mouleur volume
89 Assistant animateur volume
90 Assistant opérateur volume
91 Assistant plasticien volume
92 Assistant accessoiriste volume

93 Assistant décorateur volume
94 Assistant moulage
95 Mécanicien volume

Filière effets spéciaux (2D/3D)

96 Directeur des effets spéciaux
97 Directeur des effets visuels numériques
98 Superviseur des effets spéciaux
99 Superviseur tournage des effets visuels numériques
100 Matt painter
101 Infographiste des effets spéciaux
102 Opérateur des effets visuels numériques
103 Assistant infographiste des effets spéciaux
104 Assistant des effets visuels numériques

Filière production, régie (2D/3D)

105 Directeur de production
106 Directeur technique
107 Superviseur
108 Chef de studio
109 Responsable de post-production
110 Administrateur de production
111 Chargé de production
112 Comptable de production
113 Régisseur
114 Planificateur de post-production
115 Assistant au chef de studio
116 Secrétaire de production
117 Assistant à la production
118 Assistant régisseur

Filière exploitation, maintenance (2D/3D)

119 Directeur d'exploitation
120 Responsable d'exploitation
121 Superviseur transfert numérique
122 Ingénieur système
123 Ingénieur réseau
124 Opérateur système
125 Opérateur réseau
126 Opérateur transfert numérique
127 Assistant d'exploitation
128 Assistant opérateur transfert numérique

Filière recherche et développement (2D/3D)

129 Chef de projet R&D
130 Développeur
131 Assistant développeur

Type de fonctions n° 3

Fonctions de l'activité radio

(NAF : 92.2 A et RFO 92.2 D)

Les fonctions ci-dessous peuvent être déclinées au féminin :

1 Adjoint au producteur
2 Animateur/Animateur d'émission
3 Assistant/Intervenant concepteur
4 Bruiteur
5 Collaborateur spécialisé d'émission
6 Conseiller artistique
7 Conseiller de programme
8 Intervenant spécialisé
9 Lecteur de texte
10 Metteur en ondes
11 Musicien copiste radio
12 Présentateur
13 Producteur coordinateur délégué
14 Producteur délégué radio
15 Réalisateur radio
16 Technicien réalisateur

Type de fonctions n° 4

Fonctions de l'activité des prestations techniques pour le cinéma et la télévision

(NAF : 92.1 D)

Les fonctions ci-dessous peuvent être déclinées au féminin :

1 Calligraphe
2 Dactylographe de bandes
3 Détecteur
4 Synchronisateur
5 1er Assistant réalisation vidéo
6 2e Assistant réalisation vidéo
7 Accessoiriste vidéo
8 Agent de duplication vidéo
9 Agent de maintenance vidéo
10 Assistant d'exploitation vidéo
11 Assistant de plateau vidéo
12 Assistant de production vidéo
13 Assistant monteur vidéo
14 Assistant son en vidéo
15 Cadreur vidéo
16 Chargé de production vidéo
17 Chef de plateau vidéo
18 Chef électricien vidéo
19 Chef graphiste
20 Chef machiniste
21 Chef maquilleur(se)
22 Chef monteur vidéo
23 Chef opérateur prise de son vidéo

24 Chef opérateur prise de vue vidéo
25 Chef poursuiteur vidéo
26 Coiffeur(se)
27 Comptable de production vidéo
28 Délégué de production vidéo
29 Directeur de casting
30 Électricien vidéo
31 Électricien vidéo pupitreur
32 Ensemblier
33 Étalonner télécinéma
34 Graphiste vidéo
35 Habilleur(se)
36 Ingénieur de la vision
37 Ingénieur du son en vidéo
38 Machiniste vidéo
39 Maquilleur(se)
40 Monteur truquiste vidéo
41 Monteur vidéo
42 Opérateur de duplication vidéo
43 Opérateur du son en vidéo
44 Opérateur magnétoscope
45 Opérateur magnétoscope ralenti
46 Opérateur prise de vue vidéo
47 Opérateur synthétiseur N1
48 Opérateur synthétiseur N2
49 Opérateur télécinéma
50 Pointeur vidéo
51 Poursuiteur vidéo
52 Preneur de son en vidéo
53 Réalisateur
54 Régisseur de tournage vidéo
55 Script vidéo
56 Technicien d'exploitation de transmission
57 Technicien d'exploitation régie finale vidéo
58 Technicien d'exploitation vidéo
59 Technicien de maintenance vidéo
60 Technicien de reportage vidéo
61 Truquiste vidéo

Type de fonctions n° 5

Fonctions de l'édition phonographique (NAF : 22.1 G)

Les emplois ci-dessous peuvent être déclinés au féminin :

Production de phonogrammes, production de vidéogrammes musicaux ou d'humour et production de spectacles vivants promotionnels :

1 1er assistant son
2 Animateur
3 Chargé de production
4 Chauffeur de production
5 Coiffeur
6 Chef costumier
7 Décorateur
8 Directeur artistique
9 Directeur de production
10 Disque jockey
11 Graphiste
12 Iconographe
13 Illustrateur
14 Illustrateur sonore
15 Machiniste
16 Maquilleur
17 Mixeur
18 Monteur
19 Musicien copiste/Copiste musical
20 Opérateur programmation
21 Photographe
22 Preneur de son/Opérateur du son
23 Programmateur musical
24 Réalisateur de phonogrammes
25 Réalisateur artistique
26 Rédacteur
27 Régisseur
28 Sonorisateur
29 Styliste
30 Technicien instruments/Technicien backliner
31 Technicien lumière
32 Technicien plateau
33 Technicien son

Production de vidéogrammes musicaux ou d'humour uniquement :

1 1er assistant OPV
2 1er assistant réalisateur
3 2e assistant OPV
4 2e assistant réalisateur
5 Accessoiriste
6 Aide au plateau/Assistant de plateau
7 Assistant cadreur/Caméraman/OPV
8 Assistant coiffeur
9 Assistant de la distribution artistique
10 Bruiteur
11 Cadreur/Caméraman/OPV
12 Chef constructeur
13 Chef électricien
14 Chef machiniste
15 Conducteur de groupe/Groupman
16 Dessinateur artistique
17 Directeur dialogues (coach)
18 Directeur de la distribution artistique
19 Directeur de la photo/Chef OPV

20 Directeur de post-production/chargé de post-production
21 Ensemblier
22 Graphiste vidéo
23 Ingénieur de la vision
24 Monteur truquiste
25 Opérateur magnétoscope
26 Opérateur magnétoscope ralenti
27 Opérateur projectionniste
28 Opérateur prompteur
29 Opérateur régie vidéo
30 Opérateur synthétiseur
31 Présentateur
32 Producteur/Délégué du producteur/Producteur artistique
33 Réalisateur
34 Scripte
35 Sculpteur décorateur
36 Tapissier
37 Technicien vidéo
38 Toupilleur
39 Truquiste

Type de fonction n° 6

Fonctions du secteur professionnel des entrepreneurs de spectacle vivant
(NAF : 92.3. A, 92.3. D, 92.3. K, avec détention d'une licence)

La fonction de chef, d'assistant ou d'adjoint peut être appliquée à l'ensemble des emplois de base désignés ci-dessous, qui peuvent également être déclinés au féminin :

1 Accessoiriste
2 Administrateur de production
3 Administrateur de tournée
4 Architecte décorateur
5 Armurier
6 Artificier – Technicien de pyrotechnie
7 Attaché de production/Chargé de production
8 Bottier
9 Chapelier/Modiste de spectacles
10 Cintrier
11 Coiffeur/Posticheur
12 Collaborateur artistique du metteur en scène/du chorégraphe/du directeur musical
13 Concepteur des éclairages/Éclairagiste
14 Concepteur du son/Ingénieur du son
15 Conseiller(ère) technique
16 Costumier
17 Décorateur
18 Directeur de Production
19 Directeur technique
20 Dramaturge
21 Électricien
22 Ensemblier de spectacle
23 Habilleur
24 Lingère/Repasseuse/Retoucheuse
25 Machiniste/Constructeur de décors et structures
26 Maquilleur
27 Menuisier de décors
28 Metteur en piste (cirques)
29 Monteur son
30 Opérateur lumière/Pupitreur/Technicien CAO-PAO
31 Opérateur son/Preneur de son
32 Peintre de décors
33 Peintre décorateur
34 Perruquier
35 Plumassier(ère) de spectacles
36 Poursuiteur
37 Prompteur
38 Réalisateur coiffure, perruques
39 Réalisateur costumes
40 Réalisateur lumière
41 Réalisateur maquillages, masque
42 Réalisateur son
43 Régisseur/Régisseur de production
44 Régisseur d'orchestre
45 Régisseur de salle et de site (dans le cadre d'un festival exclusivement)
46 Régisseur de scène/
Régisseur d'équipement scénique
47 Régisseur général
48 Régisseur lumière
49 Régisseur plateau son (retours)
50 Régisseur son
51 Répétiteur/souffleur
52 Rigger (accrocheur)
53 Scénographe
54 Sculpteur de théâtre
55 Serrurier/Serrurier métallier de théâtre
56 Staffeur
57 Tailleur/Couturier(ère)
58 Tapissier de théâtre
59 Technicien console
60 Technicien de maintenance (dans le cadre d'une tournée et d'un festival exclusivement)
61 Technicien de plateau

62 Technicien effets spéciaux
63 Technicien instruments de musique (backline)
64 Technicien lumière
65 Technicien son/Technicien HF
66 Techniciens de sécurité (cirques)
67 Techniciens groupe électrogène (groupmann)
68 Teinturier coloriste de spectacles

Audiovisuel dans les spectacles mixtes et/ou captations à but non commercial :

69 Cadreur
70 Chef opérateur
71 Monteur
72 Opérateur image/Pupitreur
73 Opérateur vidéo
74 Projectionniste
75 Régisseur audiovisuel
76 Technicien vidéo

Type de fonctions n° 7

Fonctions de la branche des prestataires techniques du spectacle vivant
(NAF : 92.3. B, avec détention du label)

La fonction de chef, d'assistant ou d'adjoint peut être appliquée à l'ensemble des emplois de base désignés ci-dessous, qui peuvent également être déclinés au féminin :

1 Technicien lumière
2 Accrocheur (rigger)
3 Technicien son/Technicien HF
4 Techniciens effets spéciaux
5 Artificier – Technicien de pyrotechnie
6 Techniciens groupe électrogène (groupmann)
7 Teinturier/Coloriste de spectacle
8 Chapelier/Modiste de spectacle
9 Coiffeur posticheur
10 Concepteur du son/Ingénieur du son
11 Éclairagiste
12 Concepteur pyrotechnie
13 Costumier
14 Décorateur
15 Décorateur costumes/Réalisateur
16 Directeur technique
17 Électricien
18 Ingénieur structures
19 Logisticien
20 Machiniste/Constructeur de décors et structures
21 Menuisier de décors
22 Modiste
23 Monteur de structure
24 Cadreur
25 Monteur son
26 Cameraman
27 Opérateur lumière/Pupitreur/Technicien CAO-PAO
28 Chef opérateur
29 Opérateur son/Preneur de son
30 Monteur
31 Peintre de décors
32 Opérateur images/Pupitreur
33 Peintre décorateur
34 Opérateur vidéo
35 Peintre patineur
36 Projectionniste
37 Poursuiteur
38 Prompteur
39 Régisseur audiovisuel
40 Réalisateur de costumes
41 Technicien images
42 Réalisateur lumière
43 Technicien vidéo
44 Réalisateur maquillage, masques
45 Réalisateur son
46 Régisseur
47 Régisseur de scène, de salle et de site (dans le cadre d'un festival exclusivement)
48 Régisseur de scène/ Régisseur d'équipements scéniques
49 Régisseur général
50 Régisseur lumière
51 Régisseur plateau son (retour)
52 Régisseur son
53 Sculpteur de théâtre
54 Serrurier/Serrurier métallier de théâtre
55 Staffeur
56 Tailleur/Couturier(ère)
57 Tapissier de théâtre
58 Technicien console
59 Technicien de maintenance en tournée et sur les festivals
60 Technicien de plateau
61 Technicien de structure – constructeur
62 Technicien hydraulique
63 Technicien instruments de musique (backliner)

INDEX ALPHABÉTIQUE

A

B

C

Les Éditions Prat, le savoir-faire d'un éditeur juridique, médical et pratique à destination du grand public.

LEADER DANS SON DOMAINE DE COMPÉTENCE, Prat Éditions créée en 1964, est spécialisée dans la publication d'informations pratiques et juridiques à destination du grand public, sous la forme de livres, de classeurs ou d'outils électroniques, régulièrement mis à jour.

Notre contenu touche les grands domaines de la vie pratique : Argent, Consommation, Famille, Logement - Immobilier, Santé, Travail…

Les produits de notre maison d'édition sont disponibles à travers différents circuits de distribution : • en libraire, • en grande surface, • sur Internet (http://www.prat.fr, • en vente par correspondance,

La garantie satisfaction des Éditions Prat

Les 5 bonnes raisons de choisir les livres Prat

1. **Des informations utiles, précises et claires** : nos livres sont conçus pour vous aider à prendre les bonnes décisions au bon moment : conseils, exemples, références aux textes de loi… pour agir efficacement.

2. **Des publications toujours à la pointe de l'actualité** : l'assurance de disposer de la bonne information et de réaliser un investissement.

3. **Le concours des meilleurs spécialistes dans chaque domaine** : tous les ouvrages Prat sont écrit par des experts, professionnels qui ont acquis une expérience approfondie et un savoir-faire qu'ils mettent à la disposition des lecteurs à travers notamment des conseils clairs et fiables. Ils analysent et décryptent la loi, son évolution, la jurisprudence et les nombreux changements qui en découlent.

4. **Le savoir-faire et la qualité d'une grande maison d'édition** : Les Éditions Prat, c'est plus de 40 ans d'expérience au service des particuliers, pour les informer et les aider à prendre de bonnes décisions.

5. **L'ambition de toujours vous satisfaire** : toutes nos équipes sont attentives à toutes vos suggestions et vos observations. Prat Éditions place la satisfaction clients au centre de sa politique d'entreprise en proposant des guides et des services qui sont tout à la fois pratiques et faciles d'accès, exhaustifs, objectifs et à jour.

Les Éditions Prat publient :

▷ **des Livres pratiques,**
▷ **des Dossiers pratiques,**
▷ **des Guides pratiques.**

▷ Nos livres pratiques
Pour vous constituer une bibliothèque d'ouvrages pratiques et fiables

Des livres édités chaque année à jour de la législation en vigueur. La garantie de bénéficier d'une information fiable. Des informations présentées de façon **claire et pratique**, des références aux textes de lois, des modèles pratiques, des index détaillés…

▷ Nos Dossiers Pratiques
Disposer d'un dossier complet sur le sujet qui vous intéresse, quand ça vous intéresse.

Pour vous apporter une information toujours plus précise et adaptée à votre situation personnelle, **Les Dossiers Pratiques** sont conçus pour vous faciliter la vie.

Volontairement proches de vos préoccupations quotidiennes, vous disposez à chaque fois :
- d'informations claires et concrètes,
- de conseils pratiques liés à votre situation,
- des codes et textes officiels indispensables,
- de modèles de lettres et de contrats,
- d'un carnet d'adresses (postales, téléphone, fax, e-mail, Internet).

▷ Nos Guides pratiques
Des ouvrages sous reliure mobile pour avoir l'assurance d'être toujours bien informé

Les Guides Pratiques sont des ouvrages qui se veulent **exhaustifs** et vous assurent d'être **régulièrement tenu informé** de ce qui change.

En effet, lorsque la loi change, votre guide évolue. Grâce à son **système exclusif d'actualisation**, vous pourrez compter sur votre Guide pendant des années :

→ 2 à 4 fois par an selon les guides, vous recevez une mise à jour reprenant toutes les modifications intervenues au cours des derniers mois.

→ chaque mise à jour est composée de feuilles perforées qui se substituent aisément aux pages périmées dans la reliure mobile du guide. Vous disposez donc en permanence d'un guide contenant la réglementation et les chiffres les plus récents.

Examen gratuit : Consultez tranquillement chez vous pendant 10 jours, sans engagement, votre Guide. Vous serez stupéfait par son efficacité et par « l'assurance qualité » qu'il vous procure.

Grâce à nos guides, vous rejoignez les débrouillards de génie qui savent toujours comment s'y prendre pour s'en sortir mieux que les autres :

- Simplifiez toutes vos démarches administratives et gagnez du temps,
- Profitez de tous vos avantages et gagnez beaucoup d'argent,
- Conseillez vos proches (parents, enfants, amis).

Nos collections de livres

Les codes pour tous : Actualisés chaque année. Pour avoir sous la main les derniers textes adoptés par le législateur et qui régissent la vie de tous les citoyens.

Les guides pour tous : Actualisés chaque année. Famille, Travail, Droit & Démarches, Argent, Logement, Santé. Tout ce que vous devez savoir pour vous faciliter la vie de tous les jours : les formalités pour faire valoir vos droits, des conseils pour défendre au mieux vos intérêts et profiter de tous vos avantages.

Les livres pratiques hors collection : Actualisés chaque année. Des ouvrages pour vous simplifier la vie au quotidien.

Développement personnel : Tous les outils pratiques pour vous épanouir et développer vos compétences dans votre vie personnelle et professionnelle. Une large place est faite aux exemples, aux témoignages et à la méthodologie.

Les anti-casse-tête : Des ouvrages qui respirent le vécu pour avoir toujours une solution sous la main et vous apporter des réponses concrètes et argumentées quelle que soit votre situation.

Jouez malin : Des livres accessibles à tous (joueur ou non), pour vivre le jeu au quotidien sans artifice et en découvrant des astuces pour jouer dans une ambiance conviviale, aussi bien en famille qu'entre amis.

Beaux livres : Des livres à offrir et à s'offrir qui feront toujours plaisir. Des livres de jeux pour les adultes comme pour les enfants. Des livres de littérature pour découvrir ou redécouvrir les textes classiques.

Essais : Des enquêtes, des analyses et des témoignages qui donnent des réponses concrètes pour mieux maîtriser le monde où nous vivons. Parce que le monde actuel est complexe et que les changements sont rapides. Les problèmes de société qui nous touchent tournent vite à la polémique. Qui à tort ? Qui à raison ? Il n'est pas toujours facile de se forger une opinion juste.

Les Codes pour tous

- Code du travail, 1 664 pages - 33 €
- Code civil, 576 pages - 27 €
- Code pénal, 480 pages - 27 €

Les Guides pour tous - **FAMILLE**

- Adoption : le guide pratique, 208 pages - 20 €
- Divorce : le guide pratique, 608 pages - 24 €
- Famille, toutes les aides, 256 pages - 20 €
- Famille, votre conseiller juridique, 960 pages - 22 €
- Le guide familial, 448 pages - 22 €
- PACS : le guide pratique, 288 pages - 21 €
- Pensions alimentaires, faites respecter vos droits ! 400 pages - 23 €
- Personnes handicapées : le guide pratique, 336 pages - 22 €

Les Guides pour tous - **TRAVAIL**

- Accélérez votre carrière, 256 pages - 23 €
- Association: votre conseiller pratique, 272 pages - 21 €
- Cadres, tous vos droits, 224 pages - 22 €
- Chômage : vos nouveaux droits, 256 pages - 21 €
- Le conseiller pratique du salarié, 800 pages - 28 €
- Créer son entreprise : le guide pratique, 256 pages - 21 €
- Heureux au travail, c'est possible, 120 pages - 11 €
- Le guide de tous les salaires, 224 pages - 15 €
- Licenciement : tous vos droits, 288 pages - 22 €
- Nouvelles responsabilités : les clés du succès, 128 pages - 10 €
- Professions libérales : vos retraites après la réforme, 216 pages - 19,90 €
- Retraite : votre conseiller quotidien, 448 pages - 23 €
- Salariés du secteur privé : vos retraites après la réforme, 216 pages - 19,90 €
- Salariés du secteur public : vos retraites après la réforme, 168 pages - 19,90 €
- Se défendre aux prud'hommes : le guide pratique, 224 pages - 21 €
- Vos droits aux congés : le guide pratique, 240 pages - 20 €

Les Guides pour tous - **DROITS ET DÉMARCHES**

- Agir en justice, 336 pages - 22 €
- 100 % légal, Famille, Logement, Travail : tous les droits du particulier, 1 216 pages - 29,90 €
- 370 modèles de lettres et de contrats, 600 pages - 23 €
- Le guide de toutes les formalités, 976 pages - 29 €
- Tous vos droits pour gagner, se défendre, réussir, 1 152 pages - 29,90 €
- Gays et lesbiennes, quels sont vos droits ? 100 pages - 14 €
- Immigrés, quels sont vos droits ? 100 pages - 14 €
- Intermittents, quels sont vos droits ? 100 pages - 14 €

Les Guides pour tous - **ARGENT**

- Donations : le guide pratique, 352 pages - 22 €
- Impôts, votre conseiller fiscal, 384 pages - 21,50 €
- Immobilier : comment investir ? 224 pages - 22 €
- Les clefs du CAC 40, 560 pages - 24 €
- Successions : le guide pratique, 480 pages - 24 €
- Tous vos avantages, comment en profiter ? 432 pages - 23 €
- Tout votre argent, 1216 pages - 29,90 €

Les Guides pour tous - **LOGEMENT**

- La copropriété de A à Z, 480 pages - 24 €
- Logement : votre conseiller pratique, 416 pages - 22 €
- Propriétaire - locataire, qui paie quoi ? 320 pages - 20 €
- Troubles de voisinages, quels sont vos droits ? 192 pages - 21 €
- Servitudes et mitoyenneté, 336 pages - 20 €

Les Guides pour tous - **SANTÉ, BIEN-ÊTRE**

- Allergies : comment les éviter ? 192 pages - 10,60 €
- Alzheimer et les démences séniles, 192 pages - 22 €
- Homéopathie, Phytothérapie, 179 fiches pratiques, 224 pages - 21 €
- Le Guide du stress, 150 pages - 22 €
- Le Dictionnaire des maladies, 208 pages - 23 €
- Manger sans danger : le guide de l'anti-malbouffe, 192 pages - 10,52 €
- Patients, quels sont vos droits ? 380 pages - 21,50 €
- Premiers soins : le guide pratique, 270 pages - 22 €
- Tous vos médicaments, 1 168 pages - 29,90 €
- Toutes les maladies cardio-vasculaires, 150 pages - 19 €
- Vaccinations : le guide pratique, 224 pages - 19,90 €

DÉVELOPPEMENT PERSONNEL

- Avoir du temps, ça s'apprend ! 128 pages - 10 €
- Harcèlement moral : comment s'en sortir, 128 pages - 11 €
- Nouvelles responsabilités : les clés du succès, 128 pages - 10 €
- Heureux au travail, c'est possible, 120 pages - 11 €
- A l'oral, j'assure ! 120 pages - 11 €

LES ANTI-CASSE-TÊTE

- Les ados côté fric : dépenser moins, 192 pages - 10,52 €
- Allergies : comment les éviter, 192 pages - 10,60 €
- Bientôt maman : tous vos droits et avantages, 200 pages - 10,60 €
- Le guide des modes de garde, 192 pages - 10,52 €
- Manger sans danger : le guide de l'anti-malbouffe, 192 pages - 10,60 €
- Parents âgés : comment les épauler, 192 pages - 10,60 €
- Résoudre tous les conflits avec l'école, 192 pages - 10,52 €
- Surdoué, mode d'emploi, 192 pages - 10,60 €

JOUEZ MALIN

- Casino mode d'emploi, 128 pages - 10,52 €
- Jeux de fêtes et d'anniversaires, 128 pages - 10,52 €
- Jeux de cartes, de dés, de pions, 126 pages - 10,52 €
- Jeux de lettres, jeux de mots, 128 pages - 10,52 €
- Jeux des quatre saisons, 126 pages - 10,52 €
- Jeux télé, jeux concours et loteries, 126 pages - 10,52 €
- Scrabble, succès garanti, 128 pages - 10,52 €
- Le tarot par l'exemple, 128 pages - 10,52 €

BEAUX LIVRES

- Tous les jeux classiques et malins, 400 pages - 21,19 €
- Patiences et réussites, 382 pages - 22,71 €
- Enigmes et jeux de logique, 338 pages - 24 €
- Le livre des livre du XXe siècle, 1 072 pages - 44,97 €
- Les plus beaux textes de la littérature, 890 pages - 27,29 €

ESSAIS

- Violence : la démocratie en danger, 336 pages - 19 €
- Violence des jeunes, 190 pages - 13,57 €
- Femmes au travail, 200 pages - 13,57 €
- Le mystère des jumeaux, 190 pages - 13,57 €
- Drogue en vente libre, 192 pages - 13,57 €
- La laïcité en pratique, 176 pages - 19,90 €

HUMOUR

- Le grand bêtisier de la police, 96 pages - 15 €

BRIDGE

- Une collection de 30 titres. Pour plus d'informations nous consulter

Un ou plusieurs de ces ouvrages vous intéresse ?

Trois solutions s'offrent à vous

1. Appelez notre service des relations clients en indiquant la référence **P40031** et commandez et réglez en ligne vos livres.
Téléphone : **02 37 29 69 10**

2. Commandez vos ouvrages depuis notre site :
http://www.prat.fr, la boutique en ligne des Editions Prat, où vous retrouverez l'ensemble de nos produits, le descriptif des ouvrages, des informations sur leur auteurs, etc. Vous pourrez également vous abonner à notre newsletter mensuelle pour recevoir régulièrement des informations sur les nouveautés et les offres spéciales que nous vous réservons !

3. Commandez ces livres auprès de votre libraire habituel.

(les dossiers pratiques et guides pratiques sont vendus exclusivement par notre service des relations clients et sur notre site).

Un service relations clients à votre disposition :

Éditions Prat, 28481 Thiron Cedex ou info@prat-fr.com
Par téléphone : 02 37 29 69 10 ou par fax : 02 37 29 69 35

Prix au 1.9.04 susceptibles d'évoluer